UTB 4185

D1640588

Eine Arbeitsgemeinschaft der Verlage

Böhlau Verlag · Wien · Köln · Weimar
Verlag Barbara Budrich · Opladen · Toronto
facultas.wuv · Wien
Wilhelm Fink · Paderborn
A. Francke Verlag · Tübingen
Haupt Verlag · Bern
Verlag Julius Klinkhardt · Bad Heilbrunn
Mohr Siebeck · Tübingen
Nomos Verlagsgesellschaft · Baden-Baden
Ernst Reinhardt Verlag · München · Basel
Ferdinand Schöningh · Paderborn
Eugen Ulmer Verlag · Stuttgart
UVK Verlagsgesellschaft · Konstanz, mit UVK/Lucius · München
Vandenhoeck & Ruprecht · Göttingen · Bristol
vdf Hochschulverlag AG an der ETH Zürich

Susanne Fuß
Ute Karbach

Grundlagen der Transkription

Eine praktische Einführung

Verlag Barbara Budrich
Opladen & Toronto 2014

Bibliografische Information der Deutschen Nationalbibliothek
Die Deutsche Nationalbibliothek verzeichnet diese Publikation in der Deutschen Nationalbibliografie; detaillierte bibliografische Daten sind im Internet über http://dnb.d-nb.de abrufbar.

Gedruckt auf säurefreiem und alterungsbeständigem Papier.

UTB-Bandnr. 4185
UTB-ISBN 978-3-8385-4185-3

Satz: Judith Henning, Hamburg – www.buchfinken.com
Umschlaggestaltung: Atelier Reichert, Stuttgart
Druck: Friedrich Pustet, Regensburg
Printed in Germany

Je näher man ein Wort ansieht, desto ferner schaut es zurück.

(frei nach Karl Kraus)

Die Genauigkeit des Ergebnisses ist direkt proportional zur Trivialität der Variablen, die man erforscht hat.

(Irvin D. Yalom)

Inhalt

1. Einleitung

Dieses Einführungsbuch beruht auf unseren Erfahrungen, die wir einerseits im Kontext professioneller Erstellung von Transkripten und andererseits im Rahmen einer in die qualitative Sozialforschung einführenden Lehrtätigkeit gesammelt haben. In diesem Zusammenhang begegnen uns häufig grundlegende Fragen zur Verschriftlichung von Interviews und Gruppendiskussionen. Sie beziehen sich auf das Vorhandensein von Transkriptionsregeln (Welche Regeln gibt es?), auf die Detailgenauigkeit eines Transkriptes (Muss ich wirklich jedes „ähm" transkribieren?) oder auch auf die Gegenstandsangemessenheit der Transkription (Welche Transkriptionsregeln wende ich an, wenn ich zum Beispiel inhaltsanalytisch vorgehen möchte?). Andere Fragen dagegen ergeben sich erst im Prozess des Transkribierens (Wie verschriftliche ich unverständliche Worte?). So entstand der Gedanke, den in der Transkription Unerfahrenen eine praktische Anleitung an die Hand zu geben. Denn trotz der Entwicklung von Spracherkennungsprogrammen sind die qualitativ Forschenden immer noch vor die Aufgabe gestellt, ihre erhobenen, verbalen Daten angemessen zu verschriftlichen. Nur so – in Gestalt eines Transkriptes – können die geführten Interviews oder Gruppendiskussionen einer systematischen Analyse unterzogen werden.

Zur Erstellung eines Transkriptes existieren in der qualitativen Sozialforschung zahlreiche unterschiedliche Transkriptionsregeln nebeneinander (beispielhaft genannt seien hier Kallmeyer/Schütze 1976; Hoffmann-Riem 1984; Hildenbrand 2005; Rosenthal 2005; Bohnsack 2010; Kuckartz 2014). Sie unterscheiden sich je nach Auswertungsfokus sowohl in ihrem Detaillierungsgrad als auch in den zur Anwendung kommenden Notationszeichen. Eine Standardisierung dieser Transkriptionszeichen hat sich in der qualitativen Sozialforschung bislang nicht etablieren können. Die Transkription als Bestandteil des Forschungsprozesses wird inzwischen in vielen, deutschsprachigen Methodenbüchern – mehr oder weniger ausführlich – thematisiert (siehe beispielsweise Fuchs-Heinritz

2009; Flick et al. 2008; Friebertshäuser et al. 2010; Lamnek 2010; Przyborski/Wohlrab-Sahr 2010). Eine umfassende Erläuterung zur Verschriftlichung mündlicher Rede bietet Norbert Dittmar (2009) aus sprachwissenschaftlicher Perspektive.

Das vorliegende Handbuch führt in die tatsächliche Praxis der sozialwissenschaftlichen Transkription ein. Es richtet sich daher in erster Linie an Studierende oder wissenschaftlich tätige Personen, die zum ersten Mal Interviews oder Gruppendiskussionen zur sozialwissenschaftlichen Analyse transkribieren. Vorgestellt wird ein Transkriptionssystem, das sich modulhaft mit den potenziell zu verschriftlichenden Phänomenen beschäftigt. Es gibt somit einen Überblick über die verschiedenen Regeln und Möglichkeiten der Transkription. Darauf aufbauend bietet die praxisnahe Anleitung eine Entscheidungshilfe für alle Forschenden, die angemessenen Regeln beziehungsweise Transkriptionsmodule für ihren Forschungsgegenstand auszuwählen.

Der Aufbau des Buches ist so gestaltet, dass die einzelnen Kapitel nach Bedarf für sich gelesen werden können.

Das zweite Kapitel widmet sich der Frage „Was ist ein Transkript?". Es wird zwischen zusammenfassenden, journalistischen und wissenschaftlichen Transkripten unterschieden. Zudem werden die phonetische und die literarische Umschrift vorgestellt, auch werden die Grenzen eines wissenschaftlichen Transkriptes dargelegt.

Im dritten Kapitel werden drei in den Sozialwissenschaften gängige Transkriptionssysteme beschrieben. Diese finden Anwendung bei je unterschiedlichen Datenerhebungsformen und verfolgen verschiedenartige Auswertungsmethoden.

Das vierte Kapitel gibt einen Überblick über die zu transkribierenden Phänomene und stellt das von uns entwickelte modulartige Transkriptionssystem vor.

Im fünften Kapitel werden beispielhaft drei mögliche Modulkombinationen aufgezeigt. Sie vereinen die Regeln für die Erstellung eines journalistischen Transkriptes, eines sogenannten Grundtranskriptes sowie eines Detailtranskriptes.

Den Fragen nach der formalen Ausgestaltung eines Transkriptes und den zentralen Inhalten eines Transkriptionskopfs werden im sechsten Kapitel nachgegangen.

Das siebte Kapitel gibt einen Einblick in die aktuell gegebenen, technischen Möglichkeiten der Transkripterstellung wie beispielsweise Transkriptions- und Spracherkennungsprogramme. Zudem werden die Bedingungen einer weitgehend störungsfreien Aufnahmesituation benannt. Mit den Themen Anonymisierung, Datenschutz und Datensicherheit befasst sich das achte Kapitel. Tipps zur Transkription von Zahlen, Abkürzungen oder auch Anglizismen finden sich im neunten Kapitel. Vorlagen, welche die Erstellung eines Transkriptes möglicherweise erleichtern können, sind im Anhang abgebildet.

2. Was ist ein Transkript?

Um ihre Forschungsfragen beantworten zu können, erheben qualitative Sozialforscherinnen und -forscher ihre Daten unter anderem mittels Interviews oder Gruppendiskussionen. Sie interessieren sich für soziale Phänomene, welche nicht notwendigerweise über ein standardisiertes Erhebungsverfahren – beispielsweise mithilfe eines Fragebogens – zugänglich sind. Der Grundgedanke ist, dass sich im Rahmen des Interviews oder der Gruppendiskussion das interessierende soziale Phänomen sprachlich niederschlägt (vgl. beispielsweise Rosenthal 2005, Hoffmann-Riem 1980).

Zur Auswertung der aufgezeichneten Interviews und Gruppendiskussionen bedarf es ihrer Verschriftlichung. Mit dem Verschriftlichen werden zum einen das gesprochene Wort und gegebenenfalls auch der klanglautliche Ausdruck buchstäblich übertragen. Mit dieser Übertragung des Gesprochenen in die Schriftsprache werden das geführte Interview und die Gruppendiskussion für die Auswertung in Form von schriftlichen Daten verfügbar gemacht. Zum anderen können über die Verschriftlichung weitere hörbare Aspekte der Gesprächssituation festgehalten werden. Diese sind beispielsweise non-verbale Äußerungen (z.B. lachen, weinen, husten) oder hörbare Handlungen wie ein In-die-Hände-Klatschen.

In der qualitativen Sozialforschung wird dieser Vorgang als Transkription bezeichnet. Das Wort Transkription (lat. = transcriptio) bedeutet Umschreibung, Überschreibung oder auch Übertragung und meint eine Regel geleitete Verschriftlichung von Interviews, Gruppendiskussionen oder Alltagsgesprächen zu Auswertungszwecken (vgl. beispielsweise Langer 2010, Dittmar 2009).

Neben der tatsächlichen Gesprächssituation und ihrer (Video-/Audio-)Aufzeichnung ist das Transkript die zentrale Ausgangsbasis der wissenschaftlichen Analyse. Mit seiner Hilfe wird der – mehr oder weniger gelungene – Versuch unternommen, das Interview seiner Vergänglichkeit zu entheben und es zu

„vergegenständlichen". Das vergangene Gespräch – transformiert in schriftliche Daten – wird nun in der Gestalt des Transkriptes gegenständlich. Dies ermöglicht den Forschenden im Vergleich zur tatsächlich erlebten Gesprächssituation einen Distanz habenden Umgang mit dem nun schriftlich vorliegenden Datenmaterial. Darüber hinaus kann das Interview beziehungsweise die Gruppendiskussion nun als Text anderen Forschenden zugänglich gemacht werden (vgl. Fuchs-Heinritz 2009, S. 285 f.).

2.1 Wie umfassend kann das Gesprochene verschriftlicht werden?

Grundsätzlich besteht die Möglichkeit, Interviews und Gruppendiskussionen lediglich zusammenfassend zu verschriftlichen. Auch kann das Augenmerk der Verschriftlichung auf der Lesbarkeit der geführten Gespräche beruhen. Dies ist etwa bei journalistischen Interviews der Fall. Verschriftlichungen zur sozialwissenschaftlichen Datenauswertung zeichnen sich demgegenüber durch ihre größtmögliche Nähe zum Originalgespräch aus.

Zusammenfassende Transkriptionen sind beispielsweise in der Marktforschung üblich. Sie dokumentieren die wichtigsten Aussagen der an der Gesprächssituation beteiligten Personen, indem sie die Redebeiträge gekürzt und sinngemäß festhalten. Der exakte Wortlaut muss dabei nicht notwendigerweise abgebildet werden. Hinsichtlich der Dokumentation des Gesprächsverlaufes kann – falls erforderlich – a) die chronologische Abfolge der zentralen Aussagen wiedergegeben werden und b) eine Zuordnung der einzelnen Aussagen zu der jeweilig sprechenden Person erfolgen. Das zusammenfassende Transkript reduziert so die Gesprächssituation auf die zentralen Gesprächsinhalte, ohne sprachliche Eigenheiten oder interaktive Aspekte zu berücksichtigen.

Ein *journalistisches Transkript* zielt auf eine leserfreundliche Wiedergabe eines Interviews oder eines Gruppengespräches. Aus diesem Grund werden die Originalzitate sprachlich geglättet und in die Schriftsprache übertragen. Hierbei werden Dialekte und eine umgangssprachliche Ausdrucksweise nach den gängigen orthogra-

fischen und grammatikalischen Regeln ins Hochdeutsche übersetzt.

Die Aussage einer Schulabgängerin „Ich hab schon ein bissel
Erfahrung mit Praktikas weil ich such ja auch ne Stelle" wird in
diesem Sinne folgendermaßen korrigiert (siehe Tabelle 1):

Tabelle 1: Schrittweise Sprachglättung

Schrittweise Sprachglättung eines Originalzitates	
Originalzitat	Ich hab schon ein bissel Erfahrung mit Praktikas weil ich such ja auch ne Stelle
Korrektur der Umgangssprache	Ich habe schon ein bisschen Erfahrung mit Praktikas weil ich suche ja eine Stelle
Korrektur fehlerhafter Ausdrücke	Ich habe schon ein bisschen Erfahrung mit Praktika weil ich suche ja eine Stelle
Korrektur des Satzbaus	Ich habe schon ein bisschen Erfahrung mit Praktika weil ich ja eine Stelle suche
Grammatikalische Zeichensetzung	Ich habe schon ein bisschen Erfahrung mit Praktika, weil ich ja eine Stelle suche.

Journalistische Transkripte erlauben es, außerthematische Gesprächspassagen unberücksichtigt zu lassen. So muss im Rahmen
eines Interviews mit einer chirurgischen Chefärztin zum Thema
ästhetische Chirurgie der Gesprächseinschub der Ärztin „Ich mache mal eben das Fenster auf, es ist so stickig hier" nicht notwendigerweise verschriftlicht werden. Kommentare oder Fragen, wie
„Hätten Sie noch ein bisschen Milch für meinen Kaffee?", müssen
nicht grundsätzlich transkribiert werden, da sie außerhalb des Ge-
sprächsanlasses stehen und auf der inhaltlichen Ebene keinen Bezug zum Gesprächsfokus – hier der ästhetischen Chirurgie – nehmen. Ebenso können sprachliche Gewohnheiten, zum Beispiel ein
im Redefluss häufig vorkommendes „ähm", außer Acht gelassen
werden.

Wissenschaftliche Transkripte sind gegenüber einem zusammenfassenden und dem journalistischen Transkript weitaus detail-
reicher. Sie geben Wort für Wort sämtliche Inhalte eines Interviews oder einer Gruppendiskussionen wieder. Somit wird der

dramaturgische Aufbau einer Gesprächssituation sichtbar. Es kann nachvollzogen werden, wer ein Thema in ein Gespräch einführt und wie sich das Thema im Gesprächsverlauf weiterentwickelt. Dabei werden Gedankensprünge im Redefluss ebenso transkribiert wie scheinbar nebensächliche Aussagen. Die Transkribierenden entscheiden dabei weder, welche Gesprächsinhalte es wert sind, verschriftlicht zu werden, noch fassen sie Gesprächspassagen zusammen. Auch werden grammatikalisch unvollendete Sätze und Wortabbrüche im Transkript festgehalten. So wird beispielsweise ein angefangenes, nicht beendetes Wort über ein vorab definiertes Zeichen kenntlich gemacht: „Ich muss immer mittwochs zum Soz-also zum Arbeitsamt". In diesem Zitat symbolisiert das Zeichen „-" einen Wortabbruch. Neben den sprachlichen Inhalten können im Rahmen eines wissenschaftlichen Transkriptes auch Variationen im Sprachklang, zum Beispiel hinsichtlich der Lautstärke oder der Betonung, sowie hörbare Momente der Verhaltensebene, etwa ein Husten oder Auflachen, Berücksichtigung finden.

Ein wissenschaftliches Transkript basiert auf einer Wort-für-Wort-Verschriftlichung. In welcher Detailgenauigkeit und in welcher Art der sprechsprachliche Akt im Transkript nachgezeichnet wird, definieren sogenannte Transkriptionsregeln.

2.2 Welche Anforderungen sollten Transkriptionsregeln erfüllen?

Transkriptionsregeln ermöglichen eine einheitliche Transkripterstellung, indem sie festlegen, welche sprachlichen Phänomene mithilfe welcher Zeichen verschriftlicht werden. Konrad Ehlich und Jochen Rehbein (1979) betrachten die Verschriftlichung „als einen Prozess der zunehmend feinkörnigen Erfassung sprechsprachlicher Einzelphänomene" und fordern von den ihr zugrundeliegenden Transkriptionsregeln „Einfachheit", „leichte Verwendbarkeit" sowie eine „schnelle Erlernbarkeit" (Dittmar 2009, S. 53).

Soll nun im Rahmen der Verschriftlichung eines Interviews eine auffällige Wort- oder Silbenbetonung kenntlich gemacht werden, so kann dies grundsätzlich über eine Vielzahl von Transkriptionszeichen dargestellt werden. Beispielsweise kann die Aussage „Ich beantworte meine E-Mails immer sofort" mit der Betonung auf dem Wort „immer" möglicherweise so übersetzt werden (siehe Tabelle 2):

Tabelle 2: Transkriptionsmöglichkeiten des sprachlichen Phänomens Betonung

Regel	Transkriptions-zeichen	Transkript
Das betonte Wort oder die betonte Silbe wird unterstrichen.	Unterstrich	Ich beantworte meine E-Mails <u>immer</u> sofort.
Das betonte Wort oder die betonte Silbe wird fett gedruckt.	Schriftbild **fett**	Ich beantworte meine E-Mails **immer** sofort.
Das betonte Wort oder die betonte Silbe wird in Großbuchstaben geschrieben.	Großbuchstaben	Ich beantworte meine E-Mails IMMER sofort.
Das betonte Wort oder die betonte Silbe wird in Sternchen (*) gesetzt.	Sonderzeichen *	Ich beantworte meine E-Mails *immer* sofort.
Das betonte Wort oder die betonte Silbe wird kursiv gesetzt.	Schriftbild *kursiv*	Ich beantworte meine E-Mails *immer* sofort.

Die in der Tabelle 2 aufgeführten Transkriptionsmöglichkeiten sind für die Transkribierenden mehr oder weniger leicht umzusetzen. So kann die Verwendung eines Sonderzeichens (*) aufwendiger sein als die Veränderung eines Schriftbildes (fett oder kursiv). In Anbetracht der Leserschaft eines Transkriptes bilden die Transkriptionszeichen im besten Fall das zu beschreibende Phänomen derart ab, dass es beim Lesen möglichst intuitiv verstanden wird. Diesem Anspruch gerecht zu werden, ist nur annäherungsweise möglich. Letztendlich ist sowohl die Bewertung der Lesbarkeit als auch die Beurteilung der Handhabung einzelner Transkriptionszeichen individuell verschieden.

Wird im Zuge der Datenanalyse mit einer QDA-Software (Qualitative Data Analysis) gearbeitet, ist bei der Wahl der Transkriptionszeichen zudem darauf zu achten, dass diese mit der genutzten Software kompatibel sind.

2.3   Was wird von den Transkribierenden erwartet?

Neben sehr guten Kenntnissen der deutschen Rechtschreibung, einem souveränen Umgang mit Textverarbeitungsprogrammen und der PC-Tastatur ist die Liebe zum Detail bei der Anfertigung von Transkripten sicherlich von sehr großem Vorteil.

Denn generell ist zu beachten, dass einem im alltäglichen Leben die Unterschiedlichkeiten von gesprochener Sprache und Schriftsprache nicht immer bewusst sind. So werden Abweichungen von den grammatikalischen Regeln in der Schriftsprache zumeist schnell als fehlerhaftes Deutsch erkannt. Dagegen sind in der Alltagssprache Abweichungen gängig, diese werden aber im Allgemeinen nicht immer als Fehler wahrgenommen. Wortwiederholungen, Satzabbrüche, Pausen und zahlreiche Fülllaute wie „ähm" und „mhm" werden zudem gerne überhört. Die Transkribierenden sind demnach gefordert, – entgegen ihrer gewohnten Wahrnehmung – Formulierungskorrekturen, Verzögerungen und Interjektionen zu realisieren und entsprechend dem Gehörten zu verschriftlichen (vgl. beispielsweise Deppermann 2008).

Zudem müssen die Transkribierenden bei der Verschriftlichung des Gehörten gegebenenfalls von der allgemeingültigen Schreibweise abweichen, wenn etwa keine Sprachglättung erfolgt oder das Gesprochene in einer (phonetischen oder literarischen) Umschrift wiedergegeben werden soll. Für die Übersetzung von Interviews und Gruppendiskussionen in eine Umschrift bedarf es neben einem sehr guten Gehör oftmals einer Schulung und üben, üben, üben (siehe Kapitel 2.4).

Bei der Transkription von non-verbalen Äußerungen und hörbaren Handlungen ist von den Transkribierenden darauf zu achten, neutrale oder funktionale Umschreibungen zu verwenden. Kommentare wie „lacht verärgert" oder „trommelt nervös mit den Fingern" sind bewertende Anmerkungen, welche die Lesart des Transkribierenden wiedergeben. Diese Auslegungen sind von den

Transkribierenden zu vermeiden, denn „die Bedeutung des Interaktionsgeschehens ist in der analytischen Bearbeitung des Transkripts zu entdecken und nicht schon vorab in ihm festzulegen!" (Deppermann 2008, S. 48).

2.4 Was bedeutet Umschrift?

Um der Aussprache eines Wortes in einem Schriftstück gerecht zu werden oder nahezukommen, finden die phonetische Umschrift und die literarische Umschrift auch in einem nicht-wissenschaftlichen Kontext Anwendung.

Mit der *phonetischen Umschrift*, dem Internationalen Phonetischen Alphabet, existiert ein Notationssystem, um die gesprochene Sprache möglichst authentisch in ihrem lautlichen Ausdruck wiederzugeben. Das von zunächst Fremdsprachenlehrern entwickelte Alphabet wird von der International Phonetic Association (IPA) herausgegeben und besteht aus einer Vielzahl an Zeichen, vorwiegend Buchstaben des griechischen und lateinischen Alphabetes, welche universell vorkommende Sprachlaute symbolisieren. Die Anwendung dieses komplexen Notationssystems zur Transkription bedarf einer professionellen Schulung und ist nicht ohne Weiteres mittels Selbststudium anzueignen. Über die Internetpräsenz der Fachgesellschaft IPA ist das phonetische Alphabet einsehbar und unter anderem sind Schulungstermine zu erfahren.

Nachstehende Abbildung 1 zeigt einige Textzeilen aus der Geschichte „Der kleine Prinz" von Antoine de Saint-Exupéry in der phonetischen Umschrift.[1]

---

1   In standardorthografisch korrekter Schreibweise: „Der kleine Prinz. Den nächsten Planeten bewohnte ein Säufer. Dieser Besuch war sehr kurz, aber er tauchte den kleinen Prinzen in eine tiefe Schwermut. ‚Was machst du da?' fragte er den Säufer, den er stumm vor einer Reihe leerer und einer Reihe voller Flaschen sitzend antraf. ‚Ich trinke', antwortete der Säufer mit düsterer Miene. ‚Warum trinkst du?' fragte ihn der kleine Prinz. ‚Um zu vergessen', antwortete der Säufer. ‚Um was zu vergessen?' erkundigte sich der kleine Prinz, der ihn schon bedauerte. ‚Um zu vergessen, daß ich mich schäme', gestand der Säufer und senkte den Kopf. ‚Weshalb schämst du dich?' fragte der kleine Prinz, der den Wunsch hatte, ihm zu helfen. ‚Weil ich saufe',

[dɐ̯ɐ̯. ˈklaɪ̯.nə.pʁɪnts.deːn.ˈneːç.stən.plɑ.ˈneː.tən.bə.ˈvoːn.tə.ʔaɪ̯n.ˈzɔɪ̯.fɐ.ˈdiː.ʐɐ.bə.ˈzuːx.va.zeːɐ̯.ku̥ ɐ̯t͡s.ˈʔɑː.bɐ.ʔɐ̯ɐ̯.ˈtaʊ̯x.tə.deːn.ˈklaɪ̯.nən.ˈpʁɪn.t͡sən.ˈʔɪn.ˈʔaɪ̯.nə.ˈtiː.fə.ˈʃvɐ̯ɐ̯.muːt.vas.maxst.duː.dɑː.ˈfʁɑ ːk.tə.ˈʔɛ̯ɐ̯.deːn.ˈzɔɪ̯.fɐ.deːn.ˈʔɐ̯ɐ̯.ˈttʊm.fɔ̯ɐ̯.ˈʔaɪ̯.nɐ.ˈʁaɪ̯.jə.ˈleː.ʁɐ.ˈʔʊnt.ˈʔaɪ̯.nɐ.ˈʁaɪ̯.jə.ˈfɔlɐ.ˈfla.ʃən.ˈzɪt͡s ənt.ˈʔan.tʁɑːf.ˈʔɪç.ˈtʁɪŋ.kə.ˈʔant.vɔ̯ɐ̯.tə.tə.dɐ̯ɐ̯.ˈzɔɪ̯.fɐ.va.ˈʁʊm.tʁɪŋkst.duː.ˈfʁɑːk.tə.ˈʔiːn.dɐ̯ɐ̯.ˈklaɪ̯.nə. pʁɪnt͡s.ˈʔʊm.t͡suː.fɐ̯ɐ̯.ˈgeʂən.ˈʔant.vɔ̯ɐ̯.tə.tə.dɐ̯ɐ̯.ˈzɔɪ̯.fɐ.ˈʔʊm.vas.t͡suː.fɐ̯ɐ̯.ˈgeʂən.ˈʔɐ̯ɐ̯.ˈkʊn.dɪk.tə.zɪç. dɐ̯ɐ̯.ˈklaɪ̯.nə.pʁɪnt͡s.dɐ̯ɐ̯.ˈʔiːm.ʃoːn.bə.ˈdaʊ̯.ɐ̯.tə.ˈʔʊm.t͡suː.fɐ̯ɐ̯.ˈgeʂən.das.ˈʔɪç.mɪç.ˈʃe.mə.gə.ˈttant.de̥ ɐ̯.ˈzɔɪ̯.fɐ.ˈʔʊnt.ˈzeŋk.tə.deːn.kɔpf.vɛs.ˈhalp.ʃeːmst.duː.dɪç.ˈfʁɑːk.tə.dɐ̯ɐ̯.ˈklaɪ̯.nə.pʁɪnt͡s.dɐ̯ɐ̯.deːn.v ʊnʃ.haˌtə.ˈʔiːm.tsuː.ˈhel.fən.vaɪ̯l.ˈʔɪç.ˈzaʊ̯.fə.ˈʔen.də.tə.dɐ̯ɐ̯.ˈzɔɪ̯.fɐ.ˈʔʊnt.fɐ̯ɐ̯.ˈʃlɔs.zɪç.ˈʔent.gʏl.tɪç.ˈʔɪn .zaɪ̯n.ˈʃvaɪ̯.gən.ˈʔʊnt.dɐ̯ɐ̯.ˈklaɪ̯.nə.pʁɪnt͡s.fɐ̯ɐ̯.ˈʃvant.bə.ˈ[tʏʁt͡st.diː.gʁoː.sən.ˈlɔɪ̯.tə.zɪnt.ˈʔent.ˈʃiː.dən. zɐ̯ɐ̯.zɐ̯ɐ̯.ˈvʊn.dɐ.lɪç.ˈzɑːk.tə.ˈʔɐ̯ɐ̯.t͡suː.zɪç.ˈʔaʊ̯f.ˈzaɪ̯.nɐ.ˈʁaɪ̯.zə.]

Abbildung 1: Auszug aus „Der kleine Prinz" in phonetischer Umschrift. Quelle: Universität Hildesheim 2014, S. 40

Die *literarische Umschrift* berücksichtigt die umgangssprachlich häufig vorkommenden – zum Teil regional bedingten – Besonderheiten in der Aussprache wie beispielsweise das Verschlucken von Lauten oder Silben („ich geh" statt „ich gehe") oder das Zusammenziehen von Worten („son" statt „so ein"). Ihre Anwendung ist im Hinblick auf eine phonetische Umschrift vergleichsweise einfach, da sie auf den Buchstaben des deutschen Alphabetes basiert. Ferner ist die literarische Umschrift etwa durch die Verschriftlichung von mundartlichen Liedtexten im Allgemeinen bekannt. Trotzdem kann das Lesen eines Textes in literarischer Umschrift mit erheblichen Verständnisschwierigkeiten verbunden sein, dies insbesondere bei fehlender Kenntnis des Wortursprungs oder einfacher ausgedrückt bei Unkenntnis der regionalen Spracheigenheiten (siehe Abbildung 2, Liedzeilen der Kölner Mundart-Band Bläck Fööss).

endete der Säufer und verschloß sich endgültig in sein Schweigen. Und der kleine Prinz verschwand bestürzt. Die großen Leute sind entschieden sehr, sehr wunderlich, sagte er zu sich auf seiner Reise" (Universität Hildesheim 2014, S. 28).

> Dä Hein hät jrad für dä FC em Dom e Kääzje aanjemaat
> Jot 1000 Stäne funkele hell en d`r Wheinachtszick om Aldermaat
> E Blauleech ahn d`r Ühlepooz dat Scheff dat still vor Anker litt
> Latäne wie en Päälekett schmöcken feierlich uns kölsche Bröck
>
> Refrain
> Maach einfach nur für ne Moment
> ding Aure op un du wes sinn
> Dat all die Leechter öm dich röm
> in Wohrheit kölner Leechter sin

Abbildung 2: Auszug Liedtext „Kölner Lichter" in literarischer Umschrift. Quelle: Bläck Fööss 2014

Im Bereich der Wissenschaft findet die literarische Umschrift Anwendung in den vorwiegend sprachwissenschaftlich genutzten Transkriptionssystemen wie HIAT (Halbinterpretative Arbeitstranskription) oder GAT (Gesprächsanalytisches Transkriptionssystem) (siehe einführend Dittmar 2009; einen Überblick zu weiteren sprachwissenschaftlichen Transkriptionssystemen findet sich auf der gemeinsamen Internetseite der Leibniz Universität Hannover und der Rheinisch-Westfälischen Technischen Hochschule Aachen: http://www.mediensprache.net/de/ (letzter Zugriff 03.05.14)).

HIAT, in den 1970er Jahren zur Verschriftlichung von verbalen Daten entwickelt, berücksichtigt – neben der lautsprachlichen Ausdrucksweise – den Tonhöhenverlauf, das gleichzeitige Sprechen von mehreren Personen und auch Elemente der non-verbalen Kommunikation wie Gesten und Mimik. Hierzu werden neben der literarischen Umschrift weitere Zeichen zur Abbildung der Intonation und Kommentare in Standardorthografie in das Transkript eingefügt. Bei der Transkription erfolgt sowohl die Groß- und Kleinschreibung als auch die grammatikalische Zeichensetzung nach den Regeln der deutschen Rechtschreibung (vgl. Ehlich/ Rehbein 1979).

Auch das Transkriptionssystem GAT verschriftlicht nach der literarischen Umschrift und bezieht Intonation und non-verbale Kommunikation ein. Generell wird das GAT-Transkript in Kleinschreibung erstellt, da die Verwendung von Großbuchstaben die Akzentuierung des Sprechenden symbolisiert. Die Satzzeichen (?)

(.) (,) (;) werden nicht nach grammatikalischen Regeln gesetzt, sondern stehen für die Intonation am Ende einer sprachlichen Einheit. Es wird das Basistranskript vom detaillierten Feintranskript unterschieden (vgl. Selting et al. 1998) (siehe Abbildung 3).

```
Basistranskript:

01 S1: ja:; (.) die VIERziger generation so;=
02     =das=s: !WA:HN!sinnig viele die sich da ham [SCHEIden
03 S2:                                             [ja;
04 S1: lasse[n.=
05 S2:      [hm,
06 S1: =oder scheiden lassen ÜBERhaupt.
07 S2: hm,
08     (--)
09 S1: heute noch-
10     (2.1)
11     s=is der UMbruch.
12 S2: n besonders GUtes beispiel das warn mal unsere NACHbarn.


Feintranskript:

01 S1: ja:; (.) die ↑`VIERziger genera`tiOn so;=
02     =das=s: ↑`!WA:HN!sinnig viele die sich da ham [↑`SCHEIden
03 S2:                                               [ ja;
04 S1: lasse[n.=
05 S2:      [ hm,35
06 S1: =<<dim> oder ‾schEiden lassen ↑`ÜBERhaupt.>
07 S2: hm,
08     (--)
09 S1: <<pp> heute noch- >
10     (2.1)
11     <<p> s=is der ↑ `UMbruch.>
12 S2: n besonders ↑ `GUtes beispiel das warn mal unsere ↑`NACHbarn.
```

Abbildung 3: Auszug eines Basis- und eines Feintrankriptes.
Quelle: Selting et al. 1998, S. 33 f.

In der Transkription zur sozialwissenschaftlichen Analyse findet ebenfalls die literarische Umschrift Anwendung. Dies jedoch, ohne dabei – wie in den sprachwissenschaftlichen Transkriptionssystemen HIAT und GAT – Akzentuierungen oder den Tonhöhenverlauf zu berücksichtigen. Nicht selten wird aus Gründen einer besseren Lesbarkeit, wenn dies der Fokus der Auswertung erlaubt, eine sogenannte „leichte Sprachglättung" vorgenommen. In diesen Fällen wird eine starke dialektale Aussprache an die Hochsprache oder an eine geläufigere umgangssprachliche Ausdrucksweise angeglichen (siehe Kapitel 4.1).

2.5 Die Grenzen eines Transkriptes

Leicht unterliegt man der naiven Vorstellung, dass mit der Verschriftlichung dessen, was wann von wem und gegebenenfalls wie in der Interview- oder Gruppensituation gesagt wurde, das Gespräch eins zu eins abgebildet werden kann. Dabei tritt in den Hintergrund, dass die Erstellung eines Transkriptes mit einem erheblichen Informationsverlust einhergeht.

Die originalen Gesprächssituationen stellen die Primärdaten dar. Sie werden über die Audio- oder Videoaufzeichnungen zu Sekundärdaten. Diese Aufzeichnungen beinhalten lediglich jene Informationen der Ursprungssituation, die sie aufgrund ihrer technischen Möglichkeiten erfassen können. Die Sekundärdaten (aufgezeichnete Gesprächssituationen) werden durch die Verschriftlichung zu Tertiärdaten (fertiges Transkript). Die Transkripte sind als Tertiärdaten immer als „selektive Konstruktionen" zu betrachten (Kowal/O'Connell 2008, S. 440) (siehe Abbildung 4).

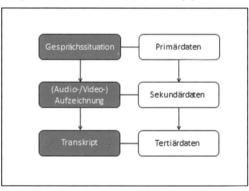

Abbildung 4: Transkripte als Tertiärdaten.
Quelle: Eigene Darstellung

Das Transkribieren der Gesprächsaufnahme kommt demnach nicht einem Kopieren des Gespräches gleich. Das Transkript ist letztendlich als das Ergebnis einer Transformation von Daten zu wissenschaftlichen Zwecken anzusehen. Dabei kommt es einerseits notgedrungen zur Selektion relevanter Gesprächscharakteristika wie beispielsweise die Sprachmelodie oder nicht hörbare Handlungen (z.B. Gesichtsmimik, Kopfnicken oder Kopfschütteln). Zudem wird mit der Verschriftlichung das Gespräch seines Kontextes enthoben. Andererseits kommt es wiederum zu einer Komplexitätssteigerung (vgl. Langer et al. 2010). So können im Transkript Gesprächsaspekte festgehalten werden, welche von den Teilnehmenden in der gegenwärtigen Situation nicht wahrgenommen werden. Dies sind etwa Wort- und Satzabbrüche oder auch grammatikalische Fehler, die überhört werden. Des Weiteren wird den Gesprächsteilnehmenden die Möglichkeit entzogen, kontrollierend in das verschriftlichte Geschehen einzugreifen. So beschreibt Stefan Hirschauer (2001) anschaulich die Reaktion eines Ehepaares auf das Transkript eines Streitgespräches:

„Das Ehepaar liest und kommentiert unser Transkript: Es war nicht die Äußerung, es war ihre Konnotation; es war nicht das aktuell Gesagte, es war die Vorgeschichte; es waren nicht die Worte, es war der Tonfall; und wenn es so gesagt war, dann war es ‚nicht so gemeint'. Es ist aussichtslos. Den Ehestreit, so wie er wirklich war, hat es nie gegeben […]“ (Hirschauer 2001, S. 434).

3.   Welche Regeln gibt es?

In der qualitativen Sozialforschung existieren zahlreiche Transkriptionsregeln nebeneinander. Forscherinnen und Forscher haben sie entwickelt beziehungsweise weiterentwickelt und adaptiert, um die in Form von Interviews und Gruppendiskussionen erhobenen Daten für ihre Analyse und für Dritte zugänglich zu machen. Dabei wird je nach Fokus der Datenauswertung die gesprochene Sprache über die Transkriptionsregeln mehr oder weniger detailliert verschriftlicht.

Nachfolgend werden drei in der sozialwissenschaftlichen Forschung gängige Regelsysteme vorgestellt. Dies sind die Transkriptionsregeln nach Udo Kuckartz (2014), Ralf Bohnsack (2010) und Werner Kallmeyer mit Fritz Schütze (1976). Mit der hier getroffenen Auswahl werden bedingt durch die unterschiedliche Forschungsarbeit der genannten Wissenschaftler verschiedene Datenerhebungsformen der qualitativen Sozialforschung (Leitfadeninterviews bei Kuckartz, Gruppendiskussionen bei Bohnsack, narrative Interviews bei Schütze) und Auswertungsmethoden (die qualitative Inhaltsanalyse, die dokumentarische Methode und die biografische Analyse) berücksichtigt.

Udo Kuckartz beschäftigt sich in seinem Forschungsfeld der Umwelt- und Bildungsforschung mit der computergestützten Analyse von qualitativen Daten und geht hierbei inhaltsanalytisch vor (siehe beispielsweise Kuckartz 2014). Die qualitative Inhaltsanalyse ist ein kategorisierendes Analyseverfahren, im Rahmen dessen Interviewsequenzen und ihre inhaltliche Bedeutsamkeit über eine Kategorie erfasst und beschrieben werden (vgl. Schreier 2014). In diesem Sinne führt ein inhaltsanalytisches Auswertungsverfahren zu einer querbildlichen Datenreduktion (vgl. Mayring 2008, S. 58). Kuckartz entwickelte hierzu ein die qualitative Datenanalyse unterstützendes Computerprogramm (vgl. Kuckartz 1999, 2010).

Transkriptionsregeln nach Kuckartz (2014)

1. Es wird wörtlich transkribiert, also nicht lautsprachlich oder zusammenfassend. Vorhandene Dialekte werden nicht mit transkribiert, sondern möglichst genau in Hochdeutsch übersetzt.

2. Sprache und Interpunktion werden leicht geglättet, d.h. an das Schriftdeutsche angenähert. Zum Beispiel wird aus „Er hatte noch so'n Buch genannt" => „Er hatte noch so ein Buch genannt". Die Satzform, bestimmte und unbestimmte Artikel etc. werden auch dann beibehalten, wenn sie Fehler enthalten.

3. Deutliche, längere Pausen werden durch in Klammern gesetzte Auslassungspunkte (...) markiert. Entsprechend der Länge der Pause in Sekunden werden ein, zwei oder drei Punkte gesetzt, bei längeren Pausen wird eine Zahl entsprechend der Dauer in Sekunden angegeben.

4. Besonders betonte Begriffe werden durch Unterstreichungen gekennzeichnet.

5. Sehr lautes Sprechen wird durch Schreiben in Großschrift kenntlich gemacht.

6. Zustimmende bzw. bestätigende Lautäußerungen der Interviewer (mhm, aha, etc.) werden nicht mit transkribiert, sofern sie den Redefluss der befragten Person nicht unterbrechen.

7. Einwürfe der jeweils anderen Person werden in Klammern gesetzt.

8. Lautäußerungen der befragten Person, die die Aussage unterstützen oder verdeutlichen (etwa Lachen oder Seufzen), werden in Klammern notiert.

9. Absätze, der interviewenden Person werden durch ein „I:", die der befragten Person(en) durch ein eindeutiges Kürzel, z.B. „B4:", gekennzeichnet.

10. Jeder Sprechbeitrag wird als eigener Absatz transkribiert. Sprecherwechsel wird durch zweimaliges Drücken der Enter-Taste, also einer Leerzeile zwischen den Sprechern deutlich gemacht, um so die Lesbarkeit zu erhöhen.

11. Störungen werden unter Angabe der Ursache in Klammern notiert, z.B. (Handy klingelt).

12. Nonverbale Aktivitäten und Äußerungen der befragten wie auch der interviewenden Person werden in Doppelklammern notiert, z.B. ((lacht)), ((stöhnt)) und Ähnliches.

13. Unverständliche Wörter werden durch (unv.) kenntlich gemacht.

14. Alle Angaben, die einen Rückschluss auf eine befragte Person erlauben, werden anonymisiert.

Abbildung 5: Transkriptionsregeln nach Kuckartz (2014, S. 136 f.)

In seinem Buch „Qualitative Inhaltsanalyse. Methoden, Praxis, Computerunterstützung" (2014) empfiehlt Kuckartz obenstehende Transkriptionsregeln (siehe Abbildung 5).

Die Transkriptionsregeln nach Kuckartz (2014) überführen die gesprochene Sprache in die Standardsprache beziehungsweise Schriftsprache. Dabei wird jedes gesprochene Wort von der transkribierenden Person ins Hochdeutsche übertragen und verschriftlicht. Die Zeichensetzung orientiert sich an den deutschen Rechtschreibregeln, wobei syntaktische Fehler im Transkript beibehalten werden. Eigenheiten in der individuellen Aussprache werden zum Teil im Transkript kenntlich gemacht. So werden im Redefluss auffällige Wortbetonungen und ein deutlich lauteres Sprechen festgehalten, dagegen bleiben beispielsweise die Dehnung einzelner Wortsilben wie auch dialektale Färbungen unberücksichtigt. Zuhörersignale der Interviewerin oder des Interviewers werden nicht transkribiert. Diese „Aussparungen" sind vor dem Hintergrund zu betrachten, dass bei diesem kategorisierenden Auswertungsverfahren der Fokus der Analyse in erster Linie auf der inhaltlichen Ebene liegt. Ein detaillierteres Transkript würde hier nicht zwangsläufig zu einem größeren Erkenntnisgewinn führen.

Im Rahmen des vorgestellten Transkriptionssystems finden daher auch vergleichsweise wenige Notationszeichen Anwendung, was – ebenso wie die Orientierung an der Schriftsprache – zu einer guten Lesbarkeit des Transkriptes beiträgt (siehe Abbildung 6).

Interviewauszug: Transkriptionsregeln nach Kuckartz (2014)

B7: Ich habe, also ich habe so eine Lerngruppe mit meinem Freund. Das heißt, ich erkläre ihm alles zweimal und dann sitzt es bei mir auch. Und dann noch, ja, habe ich mich noch mal mit, mit einem aus meiner Arbeitsgruppe da von Statistikgruppe getroffen.

I: Und wie, wie fühlst du dich dabei? Also, hast du positive oder negative Einstellungen gegenüber der Statistik oder (…)

B7: Ich mag das ganz gerne. Hätte ich am Anfang auch nicht gedacht, aber ich mochte auch Mathe, und deshalb finde ich das ganz okay.

I: Und hat sich das im Laufe des Semesters verändert? (B7: Ja!) Und wenn ja, wie?

Abbildung 6: Transkriptbeispiel nach Kuckartz (2014, S.139)

Ralf Bohnsack hat sich in seinem Forschungsfeld der Bildungs-
und Organisationsforschung unter anderem eingehend mit dem
Gruppendiskussionsverfahren beschäftigt (siehe z.B. Bohnsack et
al. 2010). Er analysierte unter anderem Gruppendiskussionen von
jugendlichen Cliquen unterschiedlicher sozialer Herkunft und
entwickelte – angelehnt an die Wissenssoziologie nach Karl
Mannheim (1964, 1979) – die dokumentarische Methode zur qualitativen Datenanalyse (vgl. Bohnsack 2010). Im Zentrum dieser
Auswertungsmethode steht die Herausarbeitung beziehungsweise
Rekonstruktion der von den Gruppenmitgliedern gemeinsam geteilten, milieuspezifischen Orientierung (vgl. Bohnsack 1997). In
seinem Buch „Rekonstruktive Sozialforschung: Einführung in
qualitative Methoden" (2010) stellt Bohnsack nachfolgende Richt-
linien zur Transkription vor (siehe Abbildung 7).

Transkriptionsregeln nach Bohnsack (2010)	
L	Beginn einer Überlappung bzw. direkter Anschluss beim Sprecherwechsel
J	Ende einer Überlappung
(.)	Pause bis zu einer Sekunde
(2)	Anzahl der Sekunden, die eine Pause dauert
nein	betont
nein	laut (in Relation zur üblichen Lautstärke des Sprechers/der Sprecherin)
°nee°	sehr leise (in Relation zur üblichen Lautstärke des Sprechers/der Sprecherin)
.	stark sinkende Intonation
;	schwach sinkende Intonation
?	stark steigende Intonation
,	schwach steigende Intonation
viellei-	Abbruch eines Wortes
oh=nee	Wortverschleifung
nei::n	Dehnung, die Häufigkeit vom : entspricht der Länge der Dehnung
(doch)	Unsicherheit bei der Transkription, schwer verständliche Äußerung

( )	unverständliche Äußerung, die Länge der Klammer entspricht etwa der Dauer der unverständlichen Äußerung
((stöhnt))	Kommentare bzw. Anmerkung zu parasprachlichen, nicht-verbalen oder gesprächsexternen Ereignissen; die Länge der Klammer entspricht im Falle der Kommentierung parasprachlicher Äußerungen (z.B. Stöhnen) etwa der Dauer der Äußerung.
	In vereinfachten Versionen des Transkriptionssystems kann auch Lachen auf diese Weise symbolisiert werden. In komplexeren Versionen wird Lachen wie folgt symbolisiert:
@nein@	lachend gesprochen
@(.)@	kurzes Auflachen
@(3)@	3 Sek. Lachen
//mhm//	Für biografische Interviews zusätzlich: Hörersignal des Interviewers, wenn das „mhm" nicht überlappend ist.
	Groß-und Kleinschreibung: Hauptwörter werden groß ge-schrieben, und bei Neuansetzen eines Sprechers/einer Sprecherin am Beginn eines ‚Häkchens' wird das erste Wort mit Großbuchstaben begonnen. Nach Satzzeichen wird klein weitergeschrieben, um deutlich zu machen, dass Satzzeichen die Intonation anzeigen und nicht grammatikalisch gesetzt werden.

Abbildung 7: Transkriptionsregeln nach Bohnsack (2010, S. 236 f.)

Die hier aufgeführten Transkriptionsregeln nach Bohnsack (2010) berücksichtigen die Ausdrucksweise der gesprochenen Sprache in einem detaillierten Umfang, da sie sprachliche Phänomene wie beispielsweise das Abbrechen eines Wortes oder auch Wortver-schleifungen im Transkript festhalten. Die Regeln berücksichtigen zudem eine Abweichung der Lautstärke im Redefluss und machen über eine nicht-grammatikalische Verwendung von Satzzeichen Variationen in der Tonhöhe kenntlich. Des Weiteren visualisieren sie das gleichzeitige, überlappende Sprechen der beteiligten Perso-nen. Ferner bietet dieses Transkriptionssystem die Möglichkeit, das Lachen der Diskussionsteilnehmenden einzubeziehen. So wird unterschieden zwischen einem Auflachen im Gesprächsverlauf und einem lachenden Sprechen. Angesichts einer Forschungstätig-keit zu gemeinsam geteilten, kollektiven Erfahrungsräumen – hier genannt am Beispiel jugendlicher Cliquen – ist davon auszugehen, dass das Lachen als ein sinntragendes Element menschlicher Kom-munikation und Interaktion bei der Analyse (jugendlicher) Orientierungsmuster von besonderer, zu berücksichtigender Rele-vanz ist.

Das Transkript nähert sich auf diese Weise – über die Inhaltsebene hinausgehend – der gesprochenen Sprache in der konkreten Gesprächssituation an. In dieser werden Inhalte oder Themen nicht nur benannt, sondern interaktiv von den Beteiligten in unterschiedlicher Weise bearbeitet. Diese stärkere Berücksichtigung der Interaktivität einer Gesprächssituation im Transkript zeigt beispielhaft das nachstehende Zitat einer die Diskussion einleitenden Frage (siehe Abbildung 8).

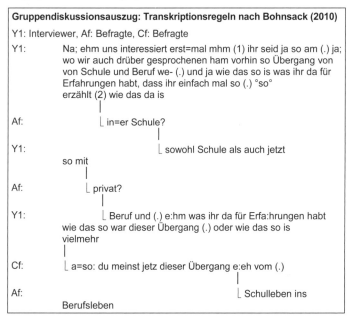

Abbildung 8: Transkriptbeispiel nach Bohnsack (2010, S. 211)

Das älteste der hier vorgestellten Transkriptionssysteme ist das Regelwerk von Werner Kallmeyer, ein Soziolinguist, und dem Soziologen Fritz Schütze. Sie beschäftigten sich sowohl mit der Analyse sprachlicher Kommunikation im Alltag als auch mit der Analyse formaler Gesprächssituationen, beispielsweise von Beratungsgesprächen (vgl. Kallmeyer 2000). Fritz Schütze mit seinem Schwerpunkt in der Biografieforschung etabliert das narrative Interview als

Datenerhebungsmethode in der empirischen Sozialforschung (vgl. Schütze 1983).

In ihrem Artikel „Konversationsanalyse" (1976) stellen Kallmeyer und Schütze folgende Transkriptionsregeln vor (siehe Abbildung 9).

Transkriptionsregeln nach Kallmeyer/Schütze (1976)	
(,)	= ganz kurzes Absetzen einer Äußerung
..	= kurze Pause
…	= mittlere Pause
(Pause)	= lange Pause
mhm	= Pausenfüller, Rezeptionssignal, zweigipflig
(.)	= Senken der Stimme
(-)	= Stimme in der Schwebe
(‘)	= Heben der Stimme
(?)	= Frageintonation
(h)	= Formulierungshemmung, Drucksen
(k)	= markierte Korrektur (Hervorhebung der endgültigen Version, insbesondere bei Mehrfachkorrektur)
Aber da kam ich nicht weiter	= Akzentsetzung
sicher	= auffällige Betonung
sicher	= gedehnt
(Lachen),(geht raus), (schnell)	= Charakterisierung von nicht-sprachlichen Vorgängen bzw. Sprechweise, Tonfall; die Charakterisierung steht vor den entsprechenden Stellen und gilt bis zum Äußerungsende, zu einer neuen Charakterisierung oder bis zu +.
&	= auffällig schneller Anschluß
(..), (…)	= unverständlich
(kommt es?)	= nicht mehr genau verständlich, vermuteter Wortlaut
A: aber da kam ich nicht weiter | | B: ich möchte doch sagen	= gleichzeitiges Sprechen, u. U. mit genauer Kennzeichnung des Einsetzens

Abbildung 9: Transkriptionsregeln nach Kallmeyer/Schütze (1976, S. 6 f.)

Nachstehende Abbildung 10 zeigt einen Auszug aus einem privaten Gespräch nach den Transkriptionsregeln von Kallmeyer/
Schütze (1976). In der Originalquelle ist zu erkennen, dass die dort
abgebildeten Transkriptauszüge noch mittels Schreibmaschine
erstellt und die Transkriptionszeichen teilweise handschriftlich
eingefügt wurden.

**Auszug eines privaten Gespräches: Transkriptionsregeln nach
Kallmeyer/Schütze (1976):**

Till: (schnell) so jetzt ist aber so jetzt haben wir das dargestellt und (') +
            (h) und (') ja (.) (leise) (..) Eindruck daß . . ihr seid enttäuscht .. n
            bißchen   (viel?) (-) + ..
            eh . . . weswegen . . ist ist der Gedanke (')
            |

Werner: nein aber . . ich wußte das
            ja (h) vorher schon ungefähr . . (Räuspern) weil . . ich hab
            |

Till: ja   ja sicher

Werner: mir ja auch schon drüber Gegedanken gemacht . . weil ihr
            das gestern schon sagtet auf dem (h)
            |

Harald: (schnell) ja weißt du es
            ich wollte das auch ích habs auch ganz bewußt gleich (...)
            |

Werner: jaja   jaja

Harald: gesagt weil es sonst . . hätt ich es beschissen gefunden so
            |

Werner: jaja   mhm
Harald: vielleicht auch (ne?)

Abbildung 10: Transkriptbeispiel nach Kallmeyer/Schütze (1976,
S. 7 f.)

Die vorausgegangenen Beispiele zeigen, dass die dargestellten
Transkriptionssysteme verschiedene Phänomene in unterschiedlicher Art und Weise berücksichtigen. So werden beispielsweise die
Dehnung einer Silbe oder Wortverschleifungen nicht in allen
Transkripten verschriftlicht. Auch werden verschiedenartige Transkriptionszeichen zur Beschreibung von ein und demselben
sprachlichen Phänomen verwendet. Es zeigt sich des Weiteren,
dass sprachliche Ereignisse wie Lachen oder Pausen mehr oder
weniger detailliert festgehalten werden können.

Ein weiteres Unterscheidungsmerkmal ist die Art und Weise der Zeichensetzung. So kann die Zeichensetzung den grammatikalischen Regeln der Schriftsprache folgen oder sich an der Intonation, dem Heben und Senken der Stimme der sprechenden Person, orientieren.

Angesichts dieser Vielzahl an Möglichkeiten, ein sprachliches Phänomen zu visualisieren beziehungsweise zu verschriftlichen, wird nachstehend der Versuch einer Kategorisierung unternommen. Es wird ein Transkriptionssystem vorgestellt, welches durch seinen modulartigen Aufbau nahezu alle Phänomene der oben genannten Transkriptionsregeln berücksichtigt. Die zitierten Transkriptionszeichen und -regeln werden zum Teil übernommen, modifiziert oder weiterentwickelt.

4. Das modulartige Transkriptionssystem

In diesem Kapitel werden acht Transkriptionsmodule vorgestellt. Jedes Modul beschäftigt sich mit einem oder mehreren Aspekten, die im Rahmen einer Verschriftlichung von Interviews oder Gruppendiskussionen berücksichtigt werden können. Es handelt sich hierbei sowohl um sprachliche Phänomene wie beispielsweise „Pausen im Sprechen" oder „Sprachklang" als auch um nichtsprachliche Phänomene. Zudem wird der Grad der Sprachglättung festgelegt. Das heißt, es wird bestimmt, ob und in welchem Umfang sich das Transkript der Schriftsprache annähert.

Die Module beinhalten die anzuwendenden Transkriptionsregeln und ihre Transkriptionszeichen. Die Transkriptionszeichen sind so gewählt, dass sie die Lesbarkeit eines Transkriptes unterstützen und diese so wenig wie möglich beeinträchtigen. Gleichermaßen wird bei der Festlegung der Transkriptionszeichen auf eine weitgehend einfache Handhabung der Zeichen beim Transkribieren selbst geachtet. Des Weiteren sind die hier definierten Transkriptionszeichen kompatibel mit sogenannten QDA-Softwares (Qualitative Data Analysis).

Die Anwendung der Module und ihre Transkriptionsregeln werden nachstehend kommentiert und anhand eines oder mehrerer Beispiele anschaulich gemacht. In Anbetracht der Verwendung des Transkriptes – Wird ein journalistisches Transkript erstellt oder dient das Transkript der wissenschaftlichen Auswertung? – sollte vor jeder Transkription überlegt werden, welche Module zweckdienlich sind. Zu beachten ist hierbei, dass einige Module sowohl in ihrer Gänze als auch teilweise übernommen werden können. Manche Module erzwingen eine Entweder-oder-Entscheidung hinsichtlich der zur Auswahl stehenden Transkriptionsregeln.

Das hier vorgestellte Transkriptionssystem umfasst folgende Module:

- Modul Sprachglättung
- Modul Pause
- Modul Sprachklang
- Modul Lautäußerungen, Wortabbrüche und Verschleifungen
- Modul nicht-sprachliche Ereignisse
- Modul Interaktion
- Modul Unsicherheit, Unterbrechung und Auslassung
- Modul Zeichensetzung

4.1 Modul Sprachglättung

Das Modul Sprachglättung legt fest, ob und wie präzise die ge-sprochene Sprache in die orthografisch korrekte Schriftsprache übertragen und somit im Sinne der deutschen Rechtschreibung geglättet wird.

Generell bewegt sich die sprachliche Ausdrucksweise zwi-schen einem mehr oder weniger „breit" gesprochenem Dialekt, einer umgangssprachlichen Ausdrucksweise und einem „reinen" Hochdeutsch (siehe Abbildung 11). Eine umgangssprachliche Ausdrucksweise meint hier, dass weder gängig mundartlich noch „reines" Hochdeutsch gesprochen wird. Vielmehr werden lediglich einzelne Worte im Dialekt gesprochen – beispielsweise „dat" und „wat" statt „das" und „was". Auch kommt es häufig vor, dass Wortsilben „verschluckt" werden – „ich hab" statt „ich habe" – oder angeglichen beziehungsweise „zusammengezogen" werden – „haste" statt „hast du".

Abbildung 11: Ausdrucksweisen der gesprochenen Sprache.
Quelle: Eigene Darstellung

Im Rahmen eines Transkriptes können die unterschiedlichen Ausdrucksweisen der gesprochenen Sprache Beachtung finden. Üblicherweise wird die Hochsprache, welche der grammatikalisch fehlerfreien Schriftsprache am nächsten kommt, nach den Regeln der deutschen Rechtschreibung verschriftlicht. Dialekte und dialektale Färbungen hingegen können, falls erforderlich, über die literarische Umschrift abgebildet werden. Diese orientiert sich an der orthografisch richtigen Schreibweise und basiert ebenso wie die Schriftsprache auf den herkömmlichen Zeichen des Alphabetes. Die literarische Umschrift zielt jedoch im Vergleich zur Standardorthografie in einem stärkeren Maße auf die klanglautliche Wiedergabe des Gesprochenen und berücksichtigt demnach beispielsweise das „Verschlucken" von unbetonten Silben und sogenannte Lautverschiebungen (siehe hierzu auch Kapitel 2.4). Vor Beginn der Transkription eines Interviews oder einer Gruppendiskussion ist zu entscheiden, in welchem Umfang die Standardorthografie und/oder die literarische Umschrift angewandt werden beziehungsweise in welchem Ausmaß die gesprochene Sprache geglättet werden soll.

Sprachglättung meint die im Rahmen der Transkription vollzogene Annäherung der gesprochenen Sprache an die Schriftsprache. In der sozialwissenschaftlichen Transkription haben sich drei Varianten der Sprachglättung etabliert: vollständige Glättung, leichte Glättung, keine Glättung (siehe Tabelle 3).

Bei einer vollständigen Glättung der gesprochenen Sprache werden im Zuge der Transkription Dialekte und umgangssprachliche Ausdruckweisen in die Hochsprache „übersetzt". Es finden die Regeln der deutschen Rechtschreibung Anwendung. Ferner werden ein grammatikalisch fehlerhafter Satzbau und unrichtige Begriffe korrigiert. Das Transkript ist demnach, wie auch üblicherweise Zeitungsbeiträge, Dokumente oder Romane, frei von standardorthografischen Fehlern und somit sehr gut lesbar.

Wird bei der Verschriftlichung eines Interviews oder einer Gruppendiskussion keine Sprachglättung vorgenommen, so wird Wort für Wort transkribiert. Ein regelwidriger Satzbau und fehlerhafter Ausdrücke bleiben im Transkript bestehen, auch Dialekte und dialektale Färbungen werden beibehalten. Die mundartliche oder umgangssprachliche Ausdrucksweise der sprechenden Personen wird dabei über die literarische Umschrift festgehalten. Diese

Transkripte ohne jegliche Sprachglättung kommen der gesprochenen Sprache sehr nah, können jedoch bei Unkenntnis der jeweiligen regionalen Spracheigenheiten die Lesbarkeit stark reduzieren
und auch das Erstellen des Transkriptes erheblich erschweren.

Tabelle 3: Modul Sprachglättung

Modul Sprachglättung	
Vollständige Glättung	Standardorthografische Transkription, das heißt:
	Korrektur von Dialekt und umgangssprachlicher Ausdrucksweise
	Korrektur fehlerhafter Ausdrücke
	Korrektur eines fehlerhaften Satzbaus
	Ggf. Beibehaltung feststehender mundartlicher Ausdrücke
Leichte Glättung	Annäherung an die Standardorthografie, das heißt:
	Korrektur des „breiten" Dialektes
	Beibehaltung umgangssprachlicher Ausdruckswei- sen
	Beibehaltung fehlerhafter Ausdrücke
	Beibehaltung eines fehlerhaften Satzbaus
	Beibehaltung feststehender mundartlicher Ausdrücke
Keine Glättung	Anwendung der literarischen Umschrift, das heißt:
	Beibehaltung von Dialekt und umgangssprachlicher Ausdrucksweise
	Beibehaltung fehlerhafter Ausdrücke
	Beibehaltung eines fehlerhaften Satzbaus

Eine Zwischenposition nehmen leicht geglättete Transkripte ein.
Im Rahmen dieser Glättung werden die Eigenheiten des sprech-
sprachlichen Ausdrucks weitgehend berücksichtigt, es erfolgt
jedoch zur Verbesserung der Lesbarkeit eine Annäherung an die
Hochsprache beziehungsweise an die Umgangssprache. Dem-
gemäß wird auch bei einer leichten Sprachglättung Wort für Wort
transkribiert und es bleiben grammatikalisch falsche Ausdrucksweisen und unkorrekte Satzstellungen im Transkript erhalten. Die
jeweiligen „breiten" Dialekte werden dagegen im Sinne einer
besseren Lesbarkeit (und einer leichteren „Transkribierbarkeit") in
die Umgangssprache übertragen und somit der Standardorthografie

angenähert. Dementsprechend wird etwa aus einem bayrischen „i hob" oder einem hessischen „isch habb" ein umgangssprachliches „ich hab".

Zur Veranschaulichung ist nachstehend eine kurze Interviewsequenz in „nicht geglätteter", „leicht geglätteter" und in „vollständig geglätteter" Schreibweise transkribiert.

Interviewtranskript ohne Sprachglättung

I   Erzählens mal wies war in der Familie.

B   Jo, mach i. I hab ne Schwester un nen Bruder. Beide älder als wie i. Un aba gewohnt hamma inner Kleinstadt. Un da musst i immer mitm Rad zur Schul, weil keen Bus nicht fuhr.

Leicht geglättetes Interviewtranskript

I   Erzählen Sie mal, wie es war in der Familie.

B   Ja, mach ich. Ich hab eine Schwester und einen Bruder. Beide älter als wie ich. Und aber gewohnt haben wir in einer Kleinstadt. Und da muss ich immer mit dem Rad zur Schule, weil kein Bus nicht fuhr.

Vollständig geglättetes Interviewtranskript

I   Erzählen Sie mal, wie es in der Familie war.

B   Ja, mache ich. Ich habe eine Schwester und einen Bruder. Beide sind älter als ich. Und gewohnt haben wir in einer Kleinstadt. Da musste ich immer mit dem Rad zur Schule, weil kein Bus fuhr.

Der Vorgehensweise bei einer vollständigen Sprachglättung ist hinzuzufügen, dass gegebenenfalls feststehende mundartliche Ausdrücke wie „Schrippe" oder „Ich bin ne kölsche Mädche" aufgrund ihrer besonderen Ausdrucksstärke im Transkript beibehalten werden können. Häufig vorkommende fehlerhafte Ausdrücke, welche als solche nicht immer wahrgenommen werden, werden dagegen bei einer vollständigen Glättung berichtigt. So wird der beliebte Fehler „zumindestens" in die richtige Schreibweise „zumindest" korrigiert und „Authenzität" wird zu „Authentizität". Im Zitat „Wir haben mit Peter Müller jemand gewonnen, der hervorragend in unser Team passt" wird der fehlerhafte Ausdruck „jemand" beziehungsweise die verschluckte Endsilbe „en" korrigiert in „Wir haben mit Peter Müller jemanden gewonnen, der hervorragend in unser Team passt". Ebenfalls werden die in der gesprochenen

Sprache häufig vorkommenden Fehler im Satzbau verbessert. Der fehlerhafte Satz „Und dann bin ich weggerannt, weil ich hatte Angst" wird zu dem syntaktisch korrekten Satz „Und dann bin ich weggerannt, weil ich Angst hatte".

4.2 Modul Pause

Im Folgenden wird das sprachliche Phänomen „Pause" und seine Transkriptionsmöglichkeiten dargestellt (siehe Tabelle 4). Pausen werden hier verstanden als ein deutliches Stocken oder Zögern im Redefluss, wodurch dieser für eine kurze Zeit abweichend vom üblichen Sprechtempo des Redners oder der Rednerin unterbrochen ist.

Tabelle 4: Modul Pause

Modul Pause		
Pause in Sekunden	(.)	Pause bis zu einer Sekunde
	(2)	Angabe der Pausenlänge in Sekunden
Intervallskalierte Pause	--	Kurze Pause (bis zu 2 Sekunden)
	---	Mittlere Pause (bis zu 5 Sekunden)
	(Pause)	Pause ab 5 Sekunden

Findet das Modul Pause in der Transkription Anwendung, bestehen zwei Optionen, Pausen im Gesprächsverlauf zu visualisieren. Die Pausen können sekundengenau transkribiert werden, indem die Länge der Pausen in Klammern im Transkript angegeben wird. Das heißt, eine Pause von drei Sekunden wird wie folgt transkribiert: „(3)". Eine Redepause von bis zu einer Sekunde wird hingegen mit einem Punkt in Klammern festgehalten: „(.)". Eine andere Möglichkeit, Pausen im Redefluss darzustellen, ist die Angabe der ungefähren Pausenlänge über drei definierte Intervalle: Die beiden Transkriptionszeichen „—" symbolisieren eine Pausenlänge von bis zu zwei Sekunden, drei Bindestriche verweisen auf einen Pausenlänge von bis zu fünf Sekunden. Längere Pausen werden ohne

Angaben der exakten Länge über das in Klammern stehende Wort „(Pause)" fixiert. Im nachfolgenden Beispiel wird eine Gesprächssequenz mit Pausen im Redefluss in beiden Varianten dargestellt.

Pause in Sekunden

B   Ich hab äh (.) ich habe maximal (4) ah, genau, ich hab genau
     26 Stück davon. Nicht mehr und nicht weniger.

Intervallskalierte Pause

B   Ich hab äh -- ich habe maximal --- ah, genau, ich hab genau 26
     Stück davon. Nicht mehr und nicht weniger.

Die Visualisierung von Pausen gibt dem Leser beziehungsweise der Leserin des Transkriptes die Möglichkeit, eine Unterbrechung des Redeflusses zu erfassen. Ein Zögern im Sprechakt kann zum Beispiel zum Ausdruck bringen, dass die redende Person augenblicklich nachdenkt oder auch gegebenenfalls abgelenkt zu sein scheint.

Beide Darstellungsweisen von Pausen sind gut lesbar, wobei die sekundengenaue Transkription der Pausenlänge exakter ist und somit der realen Gesprächssituation etwas näher kommt. Gegenüber der intervallskalierten Pausendarstellung zwingt die sekundengenaue Verschriftlichung die Transkribientin und den Transkribienten zu einer erhöhten Aufmerksamkeit. Sie ist zudem durch ihre Notationszeichen aufwendiger zu transkribieren.

4.3 Modul Sprachklang

Das Modul Sprachklang berücksichtigt die Betonung, die Dehnung und die Lautstärke von einzelnen Silben oder Worten (siehe Tabelle 5).

Eine auffällige Betonung von Worten und Silben im Redefluss wird nach den Regeln des Moduls Sprachklang durch Unterstreichung des jeweiligen Wortes oder der Silbe im Transkript kenntlich gemacht.

Die gedehnte Aussprache einer Silbe, wie beispielsweise in dem Satz „Ich habe noch nie:::::mals gelogen, ehrlich", wird durch

Doppelpunkte symbolisiert. Die Anzahl des Transkriptionszeichens Doppelpunkt entspricht dabei annähernd der Länge der Dehnung.

Tabelle 5: Modul Sprachklang

Modul Sprachklang		
Betonung	<u>immer</u>	Betontes Wort
	<u>un</u>bedingt	Betonte Silbe
Dehnung	ja::: nie:::mals	Gedehntes Wort Gedehnte Silbe Anzahl des Zeichens „:" entspricht annähernd der Länge der Dehnung
Lautstärke	**niemals**	Im Vergleich lauter gesprochenes Wort
	niemals	Im Vergleich leiser gesprochenes Wort

Weiterhin besteht die Möglichkeit, eine außergewöhnliche Veränderung der Lautstärke im Gesprächsverlauf zu visualisieren. So können besonders laut oder leise ausgesprochene Worte durch die Veränderung des Schriftbildes (fett beziehungsweise kursiv) dargestellt werden.

Nachfolgendes Beispiel zeigt die Transkription eines betonten Wortes sowie im Vergleich zum übrigen Redefluss leiser gesprochene Wörter. Die Notationszeichen sind so gewählt, dass mit dem Schriftbild das zu beschreibende sprachliche Phänomen möglichst leicht assoziiert werden kann.

I   Können Sie das noch einmal näher erläutern, wie es dann dazu kam, dass Sie Krankenpfleger wurden?

B   Gerne. Also <u>ursprünglich</u> wollte ich ja mal Schauspieler werden. Aber das hat ja leider nicht geklappt, weil wir hatten kein Geld für die Schule *und auch sonst nicht*. Und deshalb habe ich mich nach etwas anderem umgesehen. Krisensicher.

4.4 Modul Lautäußerungen, Wortabbrüche und Verschleifungen

Das hier beschriebene Modul regelt die Verschriftlichung von Lautäußerungen wie „ähm" und „mhm", Wortabbrüchen und Verschleifungen im Transkript (siehe Tabelle 6).

Tabelle 6: Modul Lautäußerungen, Wortabbrüche und Verschleifungen

Modul Lautäußerungen, Wortabbrüche und Verschleifungen		
Lautäußerungen	Ich bin ähm elf Jahre verheiratet.	Planungsäußerungen (z.B. ähm, mhm, öhm)
	Ich habe gestern mein Auto gewaschen (I: mhm) und bin dann in den Regen gekommen.	Zuhörersignale (z.b. mhm, aha, ja) werden im Transkript ohne Zeilensprung für den Sprecherwechsel vermerkt.
	((bejahend)) mhm	Eindeutig zustimmende Lautäußerungen im Sinne von „ja" werden kommentierend transkribiert.
	((verneinend)) mhm	Eindeutig ablehnende Lautäußerungen im Sinne von „nein" werden kommentierend transkribiert.
Wortabbruch	einf-	Abgebrochenes Wort
	Arbeits- äh -amt	Wiederaufnahme eines abgebrochenen Wortes
Verschleifungen	Ich bin&also ich meine	Auffällig schneller Anschluss
	Weil&weil&weil ähm ich bin	Auffällig schnelle Wortwiederholung

In der gesprochenen Sprache existieren zahlreiche Lautäußerungen, deren Aussprache von Person zu Person variiert und deren Schreibweise daher nur schwierig einheitlich zu regeln ist. In der Transkription von Interviews und Gruppendiskussionen hat sich die folgende Verschriftlichung gängiger Lautäußerungen etabliert: „äh", „ähm", „ey", „mhm", „mh", „oh", „oha", „tja".

Lautäußerungen übernehmen in der Kommunikation mehrere Funktionen. So unterscheidet man unter anderem Planungsäußerungen, Zuhörersignale und sogenannte sinntragende Lautäußerungen.

Typische Planungsäußerungen im Redefluss einer Sprecherin oder eines Sprechers sind beispielsweise „ähm", „äh" und „mhm". Diese werden wie ein gesprochenes Wort im Transkript festgehalten.

Lautäußerungen als Zuhörersignale stehen für das aufmerksame Zuhören des Gesprächspartners beziehungsweise der Gesprächspartnerin. Sie werden von der zuhörenden Person zur Sprechunterstützung genutzt, um so den Redefluss des Gegenübers in Gang zu halten. Die Zuhörersignale werden – wie nachstehendes Beispiel zeigt – im Transkript ohne Zeilensprung für den Sprecherwechsel vermerkt. Das heißt, sie werden in den transkribierten Redebeitrag des aktuell Sprechenden integriert.[2]

> I   So, dann fangen wir mal. (B: okay) Erzähl mal, äh wie es dazu kam, dass du jetzt hier bist.
>
> B   Okay. Also, wenn ich mich richtig erinnere (I: mhm) äh fiel das zusammen mit der Wende ähm 1989. (I: ah ja) Und da waren ja auch viele so in Aufbruchsstimmung. (I: mhm) Und äh ich eben auch.

Häufig anzutreffen in der gesprochenen Sprache sind zustimmende oder ablehnende Lautäußerungen wie beispielsweise ein bejahendes „mhm" oder ein verneinendes „mhm". Die Bedeutung dieser sinntragenden Äußerungen erschließt sich im Allgemeinen aus dem Kontext des Gesprochenen. Sie können gegebenenfalls von den Transkribierenden kommentierend verschriftlicht werden. Bei einer eindeutig zustimmenden oder ablehnenden Lautäußerung im Sinne von „ja" und „nein" fügt der Transkribient oder die Transkribientin vor der betreffenden Äußerung in einer doppelten Klammer den Kommentar „bejahend" oder „verneinend" ein. Im nachstehenden Beispiel ist ein verneinendes „mhm" transkribiert.

> I   Ähm ich weiß gar nicht, wie siehts bei dir aus? Hast du schon mal gekifft?
>
> B   ((verneinend)) Mhm. Bin ich auch nicht scharf drauf.

---

2   Zum Sprecherwechsel siehe auch Kapitel 6.

Auch Wortabbrüche können verschriftlicht werden. Wenn ein Sprecher oder eine Sprecherin ein Wort nicht beendet oder mitten im Wort abbricht, so werden diese Wortabbrüche mit dem Zeichen „-" dargestellt. Wortabbrüche kommen beispielsweise dann vor, wenn der oder die Redende sich selbst korrigiert:

B   Da ist einfach die Not- also wirtschaftliche Notwendigkeit nicht gegeben.

B   Ich hab Post vom Arbeits- äh Sozialgericht erhalten.

B   Ich habe Post vom Sozialge- äh Sozialamt erhalten.

Oder nach dem richtigen Wort sucht:

B   Dann bin ich zum Arbeits- äh -amt gewechselt.

Im obenstehenden letzten Zitat kennzeichnet der Bindestrich sowohl den Abbruch des Wortes „Arbeitsamt", als auch die Wiederaufnahme des vorzeitig abgebrochenen Wortes „-amt".

Von Wortabbrüchen abzugrenzen sind lautliche Verschleifungen. Verschleifungen sind sehr schnell aneinander anschließende Worte oder Wortwiederholungen. Die Wortverschleifung erfolgt – im Gegensatz zu Wortabbrüchen – ohne hörbaren Übergang. Sie erinnern an ein „Hängenbleiben" oder „Stottern" im Redefluss. Dies geschieht beispielsweise, wenn der Sprecher oder die Sprecherin Schwierigkeiten hat, das richtige nachfolgende Wort zu finden oder während des Sprechens nachdenkt. Dieses Sprachphänomen wird nach den Regeln dieses Modules durch das Notationszeichen „&" (Kaufmanns-Und) symbolisiert.

B   Das ging nur über&über&über Umwege.

B   Und dann hab ich mir auch&wollt ich wieder diesen Job machen, den ich zu Beginn gemacht habe.

B   Ich hab mich damit konzentriert&auf das konzentriert, was mir am meisten Spaß gemacht hat im Beruf.

Das von Kowal und O'Connell (vgl. 2008, S. 444) angemerkte Problem des Transkribierenden, verbale Phänomene zu überhören, trifft insbesondere auf die in diesem Modul genannten Phänomene zu. Das Hören und Transkribieren von Lautäußerungen, aber auch die Unterscheidung zwischen Wortabbrüchen und Verschleifungen erfordert von den Transkribierenden, ein hoch konzentriertes Arbeiten und eine ausgeprägte Sensibilität für die Besonderheiten der gesprochenen Sprache.

4.5 Modul nicht-sprachliche Ereignisse

Das Modul nicht-sprachliche Ereignisse beinhaltet Regeln zum Umgang mit non-verbale Äußerungen (parasprachliche Ereignisse und Begleiterscheinungen des Sprechens), Handlungen und Geräuschen (siehe Tabelle 7).

Tabelle 7: Modul nicht-sprachliche Ereignisse

Modul nicht-sprachliche Ereignisse		
Non-verbale Äußerungen	(räuspert sich) (seufzt) (lacht)	Parasprachliche Äußerungen werden in Klammern als Kommentar vermerkt.
	(lachend) Mensch, so was habe ich noch nie gehört. (+)	Begleiterscheinung des Sprechens, Kommentar zur Begleiterscheinung des Sprechens steht vor den lachend ausgesprochenen Worten. Das Ende der Begleiterscheinung des Sprechens wird mit einem (+) dargestellt.
Handlungen	(haut auf den Tisch)	Hörbare Handlungen werden als Kommentar in Klammern vermerkt.
Geräusche	(Telefon klingelt)	Hintergrundgeräusche werden als Kommentar in Klammern vermerkt.

Non-verbale Äußerungen sind sogenannte parasprachliche Äußerungen wie beispielsweise ein Räuspern, ein Seufzen oder ein Auflachen. Diese werden im Transkript an der entsprechenden Stelle als Kommentar in Klammern vermerkt.

B   Ich fange dann einfach mal an. (räuspert sich) Also ich bin 1972 geboren.

B   Ich hab zwei Mal im Jahr die größten Partys gemacht in der Stadt. (lacht) Und das war immer ein Riesengewinn für alle Beteiligten.

48

Wird hingegen eine Sequenz lachend gesprochen, spricht man von einer Begleiterscheinung des Sprechens. Diese wird wie folgt verschriftlicht: Der Beginn der Begleiterscheinung wird als Kommentar in Klammern in das Transkript eingefügt und markiert so den Beginn einer lachend gesprochenen Sequenz. Das Ende dieser lachend gesprochenen Sequenz wird mit den Notationszeichen „(+)" kenntlich gemacht.

> B   Mensch, das kannst du dir nicht vorstellen. (lachend) Den ganzen Weg zurück hat es geregnet (+) und als wir zu Hause waren, waren wir so richtig nass. (lacht)

Neben non-verbalen Äußerungen können ebenfalls hörbare Handlungen – das Auf-den-Tisch-Hauen oder ein In-die-Hände-Klatschen – und Hintergrundgeräusche – ein Handy vibriert hörbar während des Interviews – transkribiert werden. Sie werden vom Transkribierenden als kurzer Kommentar in Klammern in das Transkript aufgenommen. In der nachstehenden Interviewsequenz sind Handlung und Hintergrundgeräusch fixiert.

> I   Fein. (klatscht) Dann sind wir jetzt bereit und können endlich anfangen.
>
> B   Von mir aus gerne, ich wäre dann (Handy klingelt) soweit. Oh, Entschuldigung, ich mach das jetzt mal ganz aus.

4.6 Modul Interaktion

Das Modul Interaktion gibt Anleitung, Aspekte der hörbaren Interaktion – gleichzeitiges Sprechen und Sprechunterstützung – zu verschriftlichen (siehe Tabelle 8).

Tabelle 8: Modul Interaktion

Modul Interaktion		
Gleich- zeitiges Sprechen	I Ist das ⌊immer so? B ⌊Ja, das ist eigentlich	Gleichzeitiges Sprechen in Partiturschreibweise ab ⌊
	I Ist das ⌊immer so? B ⌊Ja, das ist eigentlich	Gleichzeitiges Sprechen ohne Partiturschreibweise ab ⌊
Sprech- unter- stützung	Ich habe gestern mein Auto gewaschen (I: mhm) und bin dann in den Regen gekommen. (I: ja)	Zuhörersignale (z.B. mhm, aha, ja) werden im Transkript ohne Zeilensprung für den Sprecherwechsel vermerkt.

Das gleichzeitige Sprechen von mehreren Personen, wie es häufig beim Sprechwechsel geschieht, kann in einem Transkript in zwei Varianten – mit und ohne Partiturschreibweise – kenntlich gemacht werden. Bei der Partiturschreibweise wird der Beginn des gleichzeitigen Sprechens durch das Transkriptionszeichen „⌊" und durch das Einrückung des gleichzeitig gesprochenen Textes dargestellt. Auf diese Weise stehen die zugleich gesprochenen Beiträge im Transkript untereinander. Die Partiturschreibweise hat den Vorteil, dass sie sehr anschaulich ist. Ohne das Transkript lesen zu müssen, fallen Überlappungen beziehungsweise gleichzeitig Gesprochenes auf den ersten Blick ins Auge.

I   Und dann äh also wie fing das bei dir dann an, ⌊das mit dem
       Singen?

B   ⌊Ja, also ich
       hab schon immer eigentlich so äh also ich weiß gar nicht, ob
       es da so richtig nen Anfang gibt.

Alternativ kann auf die Partiturschreibweise verzichtet werden. In diesen Fällen wird der Beginn der Überlappung in den betreffenden Redebeiträgen lediglich durch das Einfügen des Transkriptionszeichens „⌊" markiert.

I   Und dann äh also wie fing das bei dir dann an, ⌊das mit dem
       Singen?

B   ⌊Ja, also ich hab schon immer eigentlich so äh also ich weiß
       gar nicht, ob es da so richtig nen Anfang gibt.

Die Verschriftlichung von gleichzeitigen Redebeiträgen ist für die transkribierende Person aufwendig. Die überlappend gesprochene Sequenz muss dabei meist mehrmals abgehört werden. Zum einen ist der Beginn der Überlappung herauszuhören, zum anderen müssen die einzelnen Worte der Beiträge identifiziert werden. Des Weiteren kommt bei der Kennzeichnung der Überlappungen das für die Transkription eher aufwendig zu handhabende Notationszeichen „⌊" zur Anwendung. Für die Verwendung dieses Transkriptionszeichens spricht einerseits seine Sichtbarkeit. Auch wenn das Transkript ohne Partiturschreibweise erstellt wurde, fällt das Zeichen der lesenden Person ins Auge. Wird hingegen die Partiturschreibweise im Transkript realisiert, unterstützt dieses Zeichen das für das Schriftbild notwendige, möglichst exakte Einrücken der betreffenden Textstellen.

Der Vollständigkeit halber berücksichtigt das Modul Interaktion außerdem Zuhörersignale zur Sprechunterstützung. Zuhörersignale sind ein hörbares sich aufeinander Beziehen und werden – wie im Modul Lautäußerungen, Wortabbrüche und Verschleifungen bereits dargelegt – ohne Zeilensprung für den Sprecherwechsel im Transkript vermerkt.

I	Und wie wars dann, die vielen Preise zu gewinnen?
B	Ja. Das ähm ist natürlich dann (I: mhm) ein Wahnsinn, dass so was dann noch kommt. (I: mhm) Also das war damals der wichtigste deutsche äh Nachwuchspreis. (I: mhm) Und da sind dann eben extrem viele Leute aufmerksam drauf geworden. (I: ah ja, okay) .

4.7 Modul Unsicherheit, Unterbrechung und Auslassung

Das nun folgende Modul Unsicherheit, Unterbrechung und Auslassung gibt Hinweise für den Umgang mit unverständlichen Äußerungen in der Gesprächssituation. Es zeigt zudem, wie Unterbrechungen im Gesprächsverlauf und nicht-transkribierte Gesprächssequenzen – also von der Transkription ausgelassene Sequenzen – zu kennzeichnen sind (siehe Tabelle 9).

Tabelle 9: Modul Unsicherheit, Unterbrechung und Auslassung

Modul Unsicherheit, Unterbrechung und Auslassung		
Unsicherheit in der Transkription	(...?)	Unverständliches Wort
	(...??)	Mehrere unverständliche Worte
mit vermutetem Wortlaut	(mein?)	Vermuteter Wortlaut
	(mein?/dein?)	Alternativ vermuteter Wortlaut
mit Zeitangabe	(...??) #00:15:36#	Mehrere unverständliche Worte mit Zeitangabe
	(mein?/dein?) #01:04:28#	Alternativ vermuteter Wortlaut mit Zeitangabe
Unterbrechung	(B verlässt den Raum) #00:07:36 bis 00:08:35#	Art und Dauer der Gesprächs-unterbrechung
Auslassung	[...]	Nicht transkribierte Gesprächs-sequenz
mit Zeitangabe	[...] #00:03:46 bis 00:08:58#	Nicht transkribierte Gesprächs-sequenz mit Angabe der Zeit-dauer

Ein für den Transkribierenden unverständliches Wort wird mit den in Klammern stehenden Notationszeichen „(...?)" kenntlich ge-macht, sind mehrere aufeinander folgende Worte unverständlich, wird dies mit den Zeichen „(...??)" verschriftlicht. Sind sich der Transkribient und die Transkribientin bei dem Gehörten unsicher, notieren sie den vermuteten Wortlaut und gegebenenfalls auch den alternativ vermuteten Wortlaut.

B   Das war ne ganz schön (findige?/windige?) Sache. Aber manchmal ist das so, da kann man nicht anders als so ein (...?) zu nehmen.

Wird ein Gespräch unterbrochen, so wird die Art der Unterbre-chung als Kommentar in Klammern festgehalten. Die Dauer der Unterbrechung wird angegeben und über das Einfügen des Notati-onszeichens „#" kenntlich gemacht. Dieser Fall tritt beispielsweise ein, wenn im Rahmen eines Experteninterviews die Gesprächssitu-ation durch ein Telefonat unterbrochen wird.

B   Und jetzt ist das aber so, dass ich (Telefon klingelt) oh, Ent-
      schuldigung, da muss ich eben ran.
      (B telefoniert) #00:05:07 bis 00:06:03#

B   So. Das war jetzt wichtig. Also ähm, ja also was ich zu dem
      Thema noch sagen wollte, wo war ich denn jetzt stehen ge-
      blieben?

Sollen bestimmte Gesprächssequenzen eines Interviews oder einer
Gruppendiskussion nicht transkribiert werden, wird dies stets mit
den Zeichen „[...]" gekennzeichnet.

I   [...] Das war es also zu unserer Studie und jetzt kommen wir
      mal zu Ihnen. Mich würde interessieren, wie Sie angefangen
      haben, Marathon zu laufen.

Generell können Unsicherheiten, Unterbrechungen und Auslas-
sungen im Transkript mit Zeitangaben versehen werden. Dies
ermöglicht das gezielte Auffinden der betreffenden Stellen in der
Aufnahmedatei (siehe ausführlich dazu Kapitel 7.2).

4.8 Modul Zeichensetzung

Nachfolgende Tabelle 10 umfasst die Regeln des Moduls Zeichensetzung. In ihr werden zwei Möglichkeiten der Zeichensetzung
abgebildet. Die Zeichensetzung kann sich dabei weitgehend an den
Regeln der deutschen Rechtschreibung orientieren. Die Zeichensetzung kann aber auch anhand der Intonation erfolgen.
    Bei der grammatikalischen Zeichensetzung werden die
Schriftzeichen Punkt, Komma, Fragezeichen nach den Regeln der
deutschen Rechtschreibung gesetzt. Dementsprechend symbolisiert
ein Punkt ein Satzende, Kommas trennen Aufzählungen voneinander ab und markieren Nebensätze, das Fragezeichen steht am Ende
einer fragenden Äußerung. Gibt eine Person im Laufe des Interviews oder einer Gruppendiskussion die Äußerung einer anderen
Person wörtlich wieder, so wird diese wörtliche Rede nach der
grammatikalischen Zeichensetzung mit den Zeichen Doppelpunkt
und Anführungszeichen markiert.

Tabelle 10: Modul Zeichensetzung

Modul Zeichensetzung		
Zeichensetzung in Anlehnung an die grammatikalische Zeichensetzung	.	Satzende
	,	Aufzählung, Nebensätze etc.
	?	Frage
	: „ " Da sagte sie: „Nee, niemals" und ich bin dann weggegangen.	Wörtliche Rede
	... Ich arbeite also in der ... Ich habe zwei Arbeitsplätze.	Besonderheit: Unvollendete bzw. auslaufende Sätze (Fade-out) werden mit drei Auslassungspunkten gekennzeichnet.
Zeichensetzung nach vereinfachter Intonation	,	Kurzes Absetzen der Stimme
	.	Senken der Stimme (Satzabschluss)
	?	Heben der Stimme (Frageintonation)

Eine Besonderheit bei der grammatikalischen Zeichensetzung ist der Gebrauch von drei aufeinanderfolgenden Punkten, sogenannte Auslassungspunkte. Diese werden verwendet, wenn der Sprecher oder die Sprecherin einen Satz nicht beendet, sondern quasi auslaufen lässt. Dieses Phänomen wird als Fade-out bezeichnet.

I   Wann haben Sie denn die Stelle gewechselt?

B   Also gewechselt habe ich ... Meinen neuen Arbeitsplatz habe ich seit April 2011. Vorher war ich immer in der Marketing-Abteilung.

Bei der Anwendung der grammatikalischen Zeichensetzung sind die Transkribientin und der Transkribient damit konfrontiert, dass die sprechenden Personen nicht immer grammatikalisch fehlerfrei reden. Häufig herrscht dann Unklarheit hinsichtlich des anzuwendenden Schriftzeichens. In diesen Fällen der Unsicherheit ist es empfehlenswert, sich an der Intonation der sprechenden Person zu orientieren.

Bei der Zeichensetzung nach Intonation richtet sich die transkribierende Person nicht allein in Ausnahmefällen, sondern durchgängig am Heben und Senken der Stimme des Sprechenden. Diese Art der Zeichensetzung bedarf eines geschulten Ohrs, insbesondere dann, wenn zwischen einem starken und einem schwachen Heben beziehungsweise einem starken und einem schwachen Senken der Stimme unterschieden werden soll. Diese sorgfältige Unterscheidung findet in der Linguistik Anwendung. Bei der hier vorgestellten Regelung zur Zeichensetzung nach einer vereinfachten Intonation verdeutlicht das Senken der Stimme einen Satzabschluss und wird mit einem Punkt markiert. Ein Heben der Stimme charakterisiert eine fragende Absicht und wird mit einem Fragezeichen gekennzeichnet. Ein nur kurzes Absetzen der Stimme, welches keine Pause im Redefluss darstellt, wird mit einem Komma kenntlich gemacht. Dementsprechend sieht beispielsweise die Transkription einer wörtlichen Rede im Beitrag einer sprechenden Person, wie folgt, aus:

Beispiel einer wörtlichen Rede mit Zeichensetzung nach Intonation

B   Wir haben uns eigentlich nie gestritten, also so richtig mit
     Türen knallen und so. Aber als sie dann meinte, du, da gibt es
     noch jemanden, da bin ich dann doch laut geworden.

Im Vergleich dazu das obige Zitat mit einer grammatikalischen Zeichensetzung:

Beispiel einer wörtlichen Rede mit grammatikalischer Zeichensetzung

B   Wir haben uns eigentlich nie gestritten, also so richtig mit
     Türen knallen und so. Aber als sie dann meinte: „Du, da gibt es
     noch jemanden", da bin ich dann doch laut geworden.

Die beiden im Modul vorgestellten Möglichkeiten zur Zeichensetzung – Grammatik versus Intonation – unterscheiden sich nicht ganz grundlegend voneinander. Dies ist der Tatsache geschuldet, dass der Sprachklang, das Heben und Senken der Stimme, häufig der grammatikalischen Zeichensetzung gleichkommt. Oder anders ausgedrückt, die grammatikalische Zeichensetzung folgt (unter anderem auch) der Intonation der Stimme. Im Transkript ist die grammatikalische Zeichensetzung gewohnheitsgemäß etwas lesefreundlicher, wohingegen die Zeichensetzung nach Intonation der gesprochenen Sprache näher ist.

4.9 Grundsätzliches zur Anwendung der Module

Vor jeder Transkription steht die Entscheidung, welche Module im Rahmen der Verschriftlichung zur Anwendung kommen sollen und in welchem Umfang diese Berücksichtigung finden. Diese Entscheidung ist in Abhängigkeit zur späteren Verwendung des Transkriptes zu treffen.

Besteht Klarheit hinsichtlich der Nutzung des anzufertigenden Transkriptes, empfiehlt es sich, zunächst den Grad der Sprachglättung festzulegen. Mit dieser Festlegung wird die Annäherung des Transkriptes an die gesprochene Sprache bestimmt. Liegt hinsichtlich der Transkriptnutzung noch Ungewissheit vor, ist es ratsam, von einer Sprachglättung abzusehen, beziehungsweise nur eine leichte sprachliche Glättung vorzunehmen. Eine nachträgliche Überarbeitung des Transkriptes hin zu einer größeren Nähe zur gesprochenen Sprache kommt im Zeitaufwand einer Neuerstellung des Transkriptes gleich.

Des Weiteren ist zu überdenken, ob alle oder nur einzelne der in den Modulen aufgeführten Phänomene im Rahmen der Transkription zu verschriftlichen sind. Hier ist angesichts der späteren Verwendung des Transkriptes zu beurteilen, ob mit einer höheren Detailtreue in der Verschriftlichung ein größerer Erkenntnisgewinn einhergeht. Bei diesbezüglicher Unsicherheit sollte die Wahl immer zugunsten der Transkription der aufgeführten Phänomene hin zu einem höheren Detaillierungsgrad getroffen werden.

Bei den Modulen, welche bei den anzuwendenden Transkriptionsregeln eine Entweder-oder-Entscheidung erfordern, – dies betrifft die beiden Phänomene Pause im Redefluss und das gleichzeitige Sprechen von mehreren Personen sowie das Modul Zeichensetzung – kann das Abwägen zwischen einer gegebenenfalls leichteren Lesbarkeit des zu erstellenden Transkriptes oder einer möglicherweise „exakteren" Wiedergabe der Gesprächssituation zur Entscheidungsfindung beitragen.

Im Kapitel 5 „Wann welches Modul?" werden Beispiele einer möglichen Modul-Kombination vorgestellt und begründet.

5. Wann welches Modul?

Bevor man mit der Transkription eines Interviews oder einer Gruppendiskussion beginnt, ist die Frage nach dem Detaillierungsgrad des zu erstellenden Transkriptes zu klären. Liegt der Fokus der Auswertung auf der Inhaltsebene, so kann das Regelsystem der Transkription gegebenenfalls reduziert werden, indem beispielsweise auf die Verschriftlichung der interaktiven Phänomene, wie Zuhörersignale oder eine Partiturschreibweise, verzichtet wird. Zielt die Auswertung dagegen über die inhaltliche Ebene hinausgehend auch auf die Art und Weise der sprachlichen Bearbeitung eines Themas in einer Interviewsituation oder im Rahmen einer Gruppendiskussion, so ist die Verschriftlichung der interaktiven Aspekte zur Nachzeichnung der Dramaturgie der Kommunikation erforderlich.

Werden die Transkripte sequenzanalytisch ausgewertet, so bedarf es eines komplexen Regelsystems, welches durch seinen hohen Detaillierungsgrad eine kleinschrittige Rekonstruktion des prozesshaften (Interview-)Geschehens erlaubt. Pausen und Planungsäußerungen sind für diese Art der Interpretation unter anderem von zentraler Bedeutung.

Die Transkriptionsregeln sind also in Abhängigkeit zum Auswertungsfokus zu erstellen. Sollte diesbezüglich noch Unsicherheit bestehen, ist es ratsam, ein detailliertes Transkript zu erstellen. Eine nachträgliche Überarbeitung eines einfachen Transkriptes hin zu einer detailreichen Verschriftlichung ist mindestens ebenso aufwendig, wenn nicht sogar mühseliger, als die Neuerstellung des Transkriptes. Forschende mit einer noch geringen Auswertungserfahrung erleben es häufig als hilf- und lehrreich, für das erste Transkript einen hohen Detaillierungsgrad zu wählen. Ausgehend von diesem ersten detailgetreuen Transkript kann dann erfahren werden, welcher Erkenntnisgewinn mit der Detaillierung einhergeht und welche Transkriptionsregeln für die spätere Analyse von Wichtigkeit sind.

Im Nachfolgenden werden beispielhaft drei mögliche Modul-kombinationen vorgestellt, die sich deutlich in ihrem Detaillie-rungsgrad unterscheiden. Anhand einer transkribierten Interview-sequenz werden die Lesbarkeit sowie der resultierende Transkrip-tionsaufwand der Modulkombinationen anschaulich gemacht.

Wie bereits in Kapitel 4 erwähnt, können die acht vorgestell-ten Module so variiert werden, dass sie sowohl ganz als auch nur teilweise in einem Transkript Anwendung finden. Bei manchen Modulen muss innerhalb des Moduls eine Entscheidung für die eine oder andere Regel erfolgen (siehe beispielhaft das Modul Pause). Ferner ist es nicht zwingend erforderlich, dass alle acht Module innerhalb eines Transkriptes Berücksichtigung finden. Manche Module können bei der Transkripterstellung unberück-sichtigt bleiben, wenn sie für die spätere Analyse nicht von Be-deutung sein sollten.

Die beispielhaft vorzustellenden Transkriptionssysteme sind das journalistische Transkript, das einfache wissenschaftliche Transkript oder Grundtranskript sowie das erweiterte wissen-schaftliche Transkript oder Detailtranskript.

5.1   Das journalistische Transkript

Zur Illustration wird zunächst das journalistische Transkript be-schrieben. Es findet dann Anwendung, wenn die Inhalte eines Interviews oder einer Gruppendiskussion in einer sehr guten Les-barkeit präsentiert werden sollen.

Journalistische Transkripte fokussieren mit der Absicht einer hohen Lesefreundlichkeit die relevanten Themen einer Gesprächs-situation. Daher erlauben sie eine vollständige Textglättung, bei der nicht zwingend jedes Wort oder jede Wortkorrektur verschrift-licht werden muss. Im Zuge einer derartigen Transkription wird das Gesprochene in Orientierung an den Regeln der deutschen Rechtschreibung weitgehend in die standardorthografisch korrekte Schriftsprache überführt. Hierbei wird die Sprache um Dialekte „bereinigt" und grammatikalische Fehler korrigiert. Auch um-gangssprachliche Gewohnheiten, wie die sprachliche Eigenheit,

Sätze mit den Worten „nicht wahr?" oder „gell?" zu beenden oder die Verwendung zahlreicher Füllwörter, müssen bei der Verschriftlichung nicht berücksichtigt werden.

Die Zeichensetzung folgt den gängigen grammatikalischen Regeln. Erwähnenswert hierbei ist die Besonderheit des journalistischen Transkriptes, unvollendete oder auslaufende Sätze – sogenannter „Fade-out" – mittels dreier Auslassungspunkte „..." zu kennzeichnen.

Hörbare Handlungen, wie beispielsweise „er haut auf den Tisch", und non-verbale Äußerungen müssen in einem journalistischen Transkript nicht notwendigerweise festgehalten werden. Ebenso können außerthematische Aussagen, zum Beispiel einleitende oder für eine angenehme Gesprächsatmosphäre sorgende Worte über das Wetter oder die Anreise, außer Acht gelassen werden. Sie werden stattdessen mithilfe dreier Auslassungspunkten in eckigen Klammern „[...]" gekennzeichnet.

Dementsprechend finden nur wenige Transkriptionsregeln in einem journalistischen Transkript Anwendung. Diese sind im nachstehenden Transkriptionskopf[3] aufgeführt.

Auszug aus einem Interview – journalistisches Transkript

Projekt Projektpfad:	Grundlagen der Transkription. Eine praktische Einführung C:\Forschung\laufende Projekte\GdT\Daten\
Interview-Nr.	1
Name der Audiodatei	Buch_Interview 1_HM
Datum der Aufnahme	16.03.2014
Ort der Aufnahme	Düsseldorf
Dauer der Aufnahme	36:53 Minuten
Befragte Person	Hans Müller
Interviewer/in	Dr. Susanne Fuß
Datum der Transkription	31.03.2014
Transkribient/in	Dr. Susanne Fuß – Fonoskript
Besonderheiten	keine

---

3 Zum formalen Aufbau eines Transkriptionskopfes siehe ausführlich Kapitel 6.2.

Transkriptionsregeln	Die Transkription erfolgt geglättet nach der Standardorthografie. I: Interviewerin, B: Befragter. Folgendes Zeicheninventar und Module finden Anwendung:	
	Vollständige Sprachglättung: Anwendung der Standardorthografie, Korrektur von Dialekt, umgangssprachlicher Ausdrucksweisen, fehlerhafte Ausdrücken sowie eines fehlerhaften Satzbaus.	Modul Sprachglättung
...	Grammatikalische Zeichensetzung	Modul Zeichensetzung
	Unvollendete bzw. auslaufende Sätze (Fade-out) werden mit drei Auslassungspunkten gekennzeichnet.	
[...]	Nicht transkribierte Gesprächssequenz	Modul Unsicherheit, Unterbrechung und Auslassung

I   Viele verbinden ein Sabbat-Jahr mit Reisen. Bist du gereist?

B   Ja. In der Konstellation, in der ich das Sabbat-Jahr gemacht habe, konnte das nicht gut funktionieren, weil ich mich um meine Schwiegereltern kümmern wollte und musste. Aber wir haben trotzdem eine ganze Reihe von Kurzreisen gemacht. Zum Beispiel vier Tage nach Lissabon oder eine Kreuzfahrt mit meinem Vater und seiner Lebensgefährtin. Das hat funktioniert. Das waren viele kleine Ausflüchte, die wir in der Zeit unternommen haben.

I   Hast du auch Reisen alleine gemacht?

B   Nein, nur das Segeln habe ich alleine gemacht. Ansonsten habe ich das tatsächlich mit meiner Frau gemacht. Das war sehr schön.

I   Würdest du rückblickend heute etwas anders machen in deinem Sabbat-Jahr?

B   Ich glaube, nein. Ich glaube, diese Grundelemente, die ich verfolgt habe, die würde ich wieder verfolgen. Das heißt, ein zentrales Ziel und zwei ergänzende Ziele, die einen gewissen Rahmen geschaffen haben, an den ich mich gehalten habe, die mir viel Freiraum gelassen haben für Dinge, die ohnehin gekommen sind. Ich merkte in diesem Sabbat-Jahr, dass ich ein sehr neugieriger Mensch bin und dass ich nie Schwierigkeiten haben werde, meine Zeit gut auszufüllen. Das war eine gute Erfahrung. Wenn ich das noch mal machen müsste, würde ich es genau so tun.

I	Möchtest du noch irgendetwas ergänzen?
B	Ich kann die Erfahrung nur anderen empfehlen. Vielleicht hätte ich viel früher diese Radikalität aufbringen sollen, die mich zu diesem Sabbat-Jahr gebracht hat.
I	Ich danke dir für das Interview und wünsche dir alles Gute.
[...]	

Abbildung 12: Auszug eines journalistischen Transkriptes.
Quelle: Eigene Darstellung

5.2 Das Grundtranskript – einfaches wissenschaftliches Transkript

Bei einem einfachen wissenschaftlichen Transkript liegt der Fokus der Analyse vorwiegend auf dem Inhalt des Interviews beziehungsweise der Gruppendiskussion. Die Gesprächssituation wird wortgetreu abgebildet, wobei die Sprache leicht geglättet werden kann. Dies bedeutet, dass starke dialektische Färbungen – i hob – ins Hochdeutsche übersetzt werden – ich habe – oder umgangssprachlich – ich hab – festgehalten werden können. Ebenfalls ist eine Glättung der umgangssprachlichen Ausdrucksweise, wenn diese die Lesbarkeit des Transkriptes gegebenenfalls stark beeinträchtigt, möglich. Diese vereinzelten Wortkorrekturen dienen allein der Lesbarkeit des Transkriptes, sie führen dabei nicht zu einer Übertragung der gesprochenen Sprache in eine standardorthografisch korrekte Schriftsprache. In diesem Sinne werden ein grammatikalisch falscher Satzbau, Wortabbrüche und fehlerhafter Ausdrücke beibehalten.

Hinsichtlich des Sprachklangs werden Auffälligkeiten in der Gesprächslautstärke markiert. Das plötzliche leise Sprechen beziehungsweise das Flüstern eines Wortes wird ebenso wie das laute Sprechen oder Ausrufen der interviewten Person festgehalten. Abzugrenzen davon sind auffällige Betonungen im Redefluss – beim Sprechen können einzelne Wörter oder Silben betont werden, ohne dass der Sprechende deswegen in der Lautstärke variieren muss. Auch werden deutlich längere Pausen im Redefluss durch die Angabe der Pausenlänge verschriftlicht. Sprachliche Details jedoch wie Vokaldehnungen, Verschleifungen oder Planungsäußerungen werden nicht ins Transkript aufgenommen.

Nicht-sprachliche Ereignisse, non-verbale Äußerungen, beispielsweise ein Seufzen oder Lachen als Ausdruck der emotionalen Befindlichkeit der sprechenden Person, werden in einem Grundtranskript berücksichtigt. Des Weiteren können hörbare Handlungen und gegebenenfalls Störungen, wie Geräusche, abgebildet werden.

Zu überdenken ist, inwieweit interaktive Aspekte der Gesprächssituation, wie Zuhörersignale oder das gleichzeitige Sprechen, festgehalten werden sollen. Im nachfolgenden Auszug eines Grundtranskriptes wurde auf eine Verschriftlichung der interaktiven Aspekte verzichtet. Bei der Interviewsequenz handelt es sich um die bereits oben – journalistisch transkribierte – Interviewsituation.

Auszug aus einem Interview – Grundtranskript

Projekt Projektpfad	Grundlagen der Transkription. Eine praktische Einführung C:\Forschung\laufende Projekte\GdT\Daten\	
Interview-Nr.	1	
Name der Audiodatei	Buch_Interview 1_HM	
Datum der Aufnahme	16.03.2014	
Ort der Aufnahme	Düsseldorf	
Dauer der Aufnahme	36:53 Minuten	
Befragte Person	Hans Müller	
Interviewer/in	Dr. Susanne Fuß	
Datum der Transkription	31.03.2014	
Transkribient/in	Dr. Susanne Fuß – Fonoskript	
Besonderheiten	keine	
Transkriptionsregeln	Die Transkription erfolgt Wort für Wort in leichter Sprachglättung. I: Interviewerin, B: Befragter. Folgendes Zeicheninventar und Module finden Anwendung:	
	Leichte Sprachglättung: Korrektur des „breiten" Dia-	Modul Sprachglättung

	lekts, aber umgangssprachliche Ausdrucksweisen, fehlerhafte Ausdrücke sowie fehlerhafter Satzbau werden beibehalten.	
(3)	Angabe der Pausen ab einer Länge von drei Sekunden	Modul Pause
immer unbedingt	Betontes Wort bzw. betonte Silbe	Modul Sprachklang
niemals *niemals*	Laut gesprochenes Wort Leise gesprochenes Wort	
einf-	Wortabbruch	Modul Lautäußerungen, Wortabbrüche und Verschleifungen
(räuspert sich) (seufzt) (lacht)	Non-verbale Äußerungen	Modul nichtsprachliche Ereignisse
(haut auf den Tisch)	Hörbare Handlungen	
(Handy klingelt)	Hintergrundgeräusche	
(...?), (...??) #15:03#	Unverständliches Wort, mehrere unverständliche Worte mit Zeitangabe	Modul Unsicherheit, Unterbrechung, Auslassung
(mein?/dein?) #15:03#	Alternativ vermuteter Wortlaut mit Zeitangabe	
	Grammatikalische Zeichensetzung	Modul Zeichensetzung

1 I Okay. Viele verbinden ja vielleicht auch Sabbat-Jahr mit Reisen. Bist du
2   auch gereist? Oder?
3 B Ja, das war etwas, was natürlich in der Konstellation, in der ich das
4   Sabbat-Jahr gemacht habe, nicht so gut funktionieren konnte, weil ich
5   mich ja um meine Schwiegereltern kümmern wollte und musste. Aber wir
6   haben trotzdem ne ganze Reihe von Kurzreisen gemacht. Zum Beispiel
7   so über vier Tage nach Lissabon. Oder auch eine Kreuzfahrt mit meinem
8   Vater und seiner Lebensgefährtin. Also das hat funktioniert, aber das
9   waren dann also viele kleine Fl- Ausflüchte oder Flüchte, die wir da in der
10   Zeit unternommen haben.
11 I Und dann hast du auch alleine Reisen gemacht, wenn du gesegelt bist,
12   das macht (...??) #05:18#
13 B Nee, nur das Segeln hab ich allein gemacht. Also ansonsten hab ich das

14		tatsächlich mit [Vorname der Ehefrau], also meiner Frau gemacht, (3)
15		und das war sehr schön.
16	I	Ja, toll. (lacht) Dann hab ich noch ne Frage, würdest du denn
17		rückblickend heute noch was anders machen in deinem Sabbat-Jahr?
18		Würdest du es irgendwie anders gestalten oder irgendwas noch erleben
19		wollen, was du nicht erlebt hast? Wo du sagst, (die Zeit?) #05:39#
20	B	Ich glaub, nein. Ich glaube, diese Grundelemente, die ich verfolgt habe,
21		die würd ich ähnlich wieder verfolgen. Heißt also, ein zentrales Ziel. Zwei,
22		die ergänzend waren, die also so nen gewissen Rahmen geschafft
23		haben, an den ich mich gehalten habe. Aber ansonsten viel Freiraum
24		lassen für Dinge, die dann ohnehin gekommen sind. Also ich merkte in
25		diesem Sabbat-Jahr, dass ich ein sehr neugieriger Mensch bin und dass
26		ich nie Zei- nie Schwierigkeiten haben werde, meine Zeit gut auszufüllen.
27		Das war auch ne ganz gute Erfahrung. Also insofern, wenn ich das noch
28		mal machen müsste, würd ichs genauso tun.
29	I	Ja, das klingt alles ganz toll. Ich danke dir für das Interview. Möchtest du
30		noch irgendwas ergänzen, was ich jetzt nicht gefragt, was du noch
31		irgendwie sagen möchtest, was dir wichtig wäre in dem Zusammenhang?
32	B	Also ich kann die Erfahrung auch nur andern empfehlen. Und vielleicht
33		hätt ich einfach noch viel früher
34	I	(lacht)
35	B	schon diese Radikalität aufbringen sollen, die mich dann letztendlich zu
36		diesem Sabbat-Jahr gebracht hat.
37	I	Das ist ein schönes Schlusswort. Ich danke dir für das Interview und
38		wünsche dir alles Gute.
39	B	Danke.
40	I	Oh Gott, oh Gott. Stopp. Stopp. Ich bin ja, stopp. (3) Jetzt muss man das

Abbildung 13: Auszug eines Grundtranskriptes.
Quelle: Eigene Darstellung

5.3 Das Detailtranskript – erweitertes wissenschaftliches Transkript

Mit einem Detailtranskript wird der Versuch unternommen, die Realität der Gesprächssituation weitgehend buchstäblich abzubilden beziehungsweise das ursprüngliche Interview möglichst genau nachzuzeichnen. Hierzu wird neben den sprachlichen Inhalten auch die hörbare Verhaltensebene der Akteure berücksichtigt. Dementsprechend finden in einem erweiterten wissenschaftlichen Transkript alle vorgestellten Transkriptionsmodule Anwendung.

Um der gesprochenen Sprache möglichst nahe zu kommen, wird wortgetreu transkribiert und auf jegliche Sprachglättung verzichtet. So werden Dialekte, eine umgangssprachliche Ausdrucksweise und sprachliche Eigenheiten, wie das häufig im Redefluss vorkommende „ähm", festgehalten. Es werden keine grammatikalischen Korrekturen vorgenommen, die Zeichensetzung kann in Anlehnung an die grammatikalische Zeichensetzung erfolgen oder folgt der Intonation des Sprechenden.

Der Sprachklang wird in einen Detailtranskript durch die Kenntlichmachung von besonderen Wort- oder Silbenbetonungen sowie durch das Festhalten einer Abweichung in der Sprachlautstärke berücksichtigt. Auch werden Vokaldehnungen, Verschleifungen, Wortabbrüche sowie -wiederholungen verschriftlicht. Pausen im Redefluss und Planungsäußerungen werden ebenfalls ins Transkript aufgenommen.

Hinsichtlich der Interaktion der an dem Interview oder der Gruppendiskussion teilnehmenden Personen wird das gleichzeitige Sprechen oder auch das „Ins-Wort-Fallen" im Transkript über die Partiturschreibweise gekennzeichnet. Alle sprechunterstützenden Äußerungen sowie Zuhörersignale seitens des Interviewers oder der Interviewerin werden zudem aufgenommen. Nicht-sprachliche Ereignisse wie akustisch wahrnehmbare Handlungen – mit den Fingern auf der Tischplatte trommeln – und non-verbale Äußerungen, zum Beispiel ein Räuspern, werden vom Transkribierenden vermerkt. Daneben kann über die Transkriptionszeichen markiert werden, wenn eine Sequenz beispielsweise lachend ausgesprochen wird.

Nachfolgend wird die bereits bekannte Interviewsequenz detailliert transkribiert.

Projekt Projektpfad	Grundlagen der Transkription. Eine praktische Einführung C:\Forschung\laufende Projekte\GdT\Daten\	
Interview-Nr.	1	
Name/Pfad der Audiodatei	Buch_Interview 1_HM	
Datum/Uhrzeit der Aufnahme	16.03.2014/18.40 Uhr	
Ort der Aufnahme	Düsseldorf	
Dauer der Aufnahme	36:53 Minuten	
Datenerhebung	Leitfadeninterview	
Befragte Person	Hans Müller	
Soziodemografie	männlich Alter: 45–55 Jahre Angestellter, Vollzeit verheiratet, zwei Kinder	
Informierte Einwilligung	liegt vor	
Anonymisierung	ja	
Interviewer/in	Dr. Susanne Fuß	
Datum der Transkription	31.03.2014	
Transkribient/in	Dr. Susanne Fuß – Fonoskript	
Besonderheiten	keine	
Transkriptionsregeln	Die Transkription erfolgt Wort für Wort ohne Sprachglättung. I: Interviewerin, B: Befragter. Zeitangaben: alle zwei bis drei Minuten Folgendes Zeicheninventar und Module finden Anwendung:	
	Keine Sprachglättung: Dialekt und umgangssprachliche Ausdrucksweisen, fehlerhafte Ausdrücke sowie fehlerhafter Satzbau werden beibehalten.	Modul Sprachglättung
(.) (2)	Pause bis zu einer Sekunde Angabe der Pausenlänge in Sekunden	Modul Pause
immer unbedingt	Betontes Wort bzw. betonte Silbe	Modul Sprachklang

ja:::	Dehnung	
niemals	Laut gesprochenes Wort	
niemals	Leise gesprochenes Wort	
einf-	Wortabbruch	Modul Lautäuße-rungen, Wortab-brüche und Ver-schleifungen
&	Auffällig schneller Anschluss	
ähm, mhm	Lautäußerungen, Planungs-äußerungen	
(räuspert sich) (seufzt) (lacht)	Non-verbale Äußerungen	Modul nicht-sprach-liche Ereignisse
(haut auf den Tisch)	Hörbare Handlungen	
(Handy klingelt)	Hintergrundgeräusche	
(lachend) Mensch, so was habe ich noch nie gehört. (+)	Begleiterscheinung des Sprechens, Kommentar steht vor den lachend ausgespro-chenen Worten. Das Ende der Begleiterscheinung des Sprechens wird mit einem (+) dargestellt.	
I Ist das⌊immer so? B ⌊Ja, das ist eigentlich	Gleichzeitiges Sprechen in Partiturschreibweise ab ⌊	Modul Interak-tion
(I: mhm)	Zuhörersignale (z.B. mhm, aha, ja) werden im Transkript ohne Zeilensprung für den Sprecherwechsel vermerkt.	
(...?), (...??) #15:03#	Unverständliches Wort, mehrere unverständliche Worte mit Zeitangabe	Modul Unsicherheit, Unterbrechung, Auslassung
(mein?/dein?) #15:03#	Alternativ vermuteter Wort-laut mit Zeitangabe	
(B telefoniert) #00:07:36 bis 00:08:35#	Art und Dauer der Ge-sprächsunterbrechung	
	Grammatikalische Zeichen-setzung	Modul Zeichen-setzung

```
1  I   Okay. Viele verbinden ja vielleicht auch Sabbat-Jahr mit Reisen. Bist du
2      auch gereist? ⌊Oder?
3  B                 ⌊Ja, das war etwas, was äh natürlich in der Konstellation,
4      in der ich das Sabbat-Jahr (I: ja) gemacht habe, nicht so gut funktionieren
5      konnte, weil ich mich (I: mhm) ja um meine Schwiegereltern kümmern
6      wollte und musste. Aber wir haben trotzdem ne ganze Reihe von
7      Kurzreisen gemacht. (I: ja) Zum Beispiel so über vier Tage nach
```

8	Lissabon. (.) Ähm (I: schön) oder auch äh eine Kreuzfahrt mit meinem
9	Vater und seiner Lebensgefährtin. Also das hat funktioniert. Aber das
10	waren dann also <u>viele</u> (I: mhm) kleine ähm (.) Fl- Aus- äh (I: ja) -flüchte
9	Vater und seiner Lebensgefährtin. Also das hat funktioniert. Aber das
11	oder Flüchte, die äh (.) die wir da äh in der Zeit unternommen haben.
12	#05:15#
13 I	Und dann hast du auch alleine Reisen gemacht, wenn du gesegelt bist?
14	Das macht ⌊(...??) #05:19#
15 B	⌊Nee, nur das Segeln hab ich allein gemacht. (I: ja) Also
16	ansonsten hab ich das tatsächlich mit äh [Vorname der Ehefrau],
17	(I: mhm) also meiner Frau gemacht, ähm (3) und das war sehr schön.
18	#05:26#
19 I	Ja, toll. (lacht) (.) Ähm dann hab ich noch ne Frage, würdest du
20	denn rückblickend heute noch was anders machen in deinem Sabbat-
21	Jahr, würdest du es irgendwie anders gestalten? Oder irgendwas noch
22	erleben wollen, was du nicht erlebt hast? ⌊Wo du sagst (die Zeit?) 05:39#
23 B	⌊Ich glaub, nein. Ich glaube&ich
24	glaube diese Grundelemente, äh die ich verfolgt äh habe, die würd ich
25	ähnlich wieder (.) mh verfolgen. Heißt also <u>ein zentrales</u> Ziel. (I: mhm) (.)
26	Zwei, die ergänzend waren, äh die also so nen gewissen Rahmen
27	geschafft äh haben, an den ich mich äh gehalten habe, aber ansonsten
28	viel Freiraum lassen für Dinge, die dann ohnehin gekommen sind. Also
29	ich merkte in diesem Sabbat-Jahr, dass ich ein sehr neugieriger Mensch
30	bin, (.) und dass ich nie Zei- nie Schwierigkeiten haben werde, meine Zeit
31	äh gut auszufüllen. Das war auch ne ganz gute Erfahrung, also insofern,
32	äh wenn ich das noch mal machen müsste, würd ichs genauso tun. (.)
33	#06:14#
34 I	Ja, das klingt alles ganz toll. Ähm ich danke dir für das Interview.
35	Möchtest du noch irgendwas ergänzen, was ich jetzt nicht gefragt&was
36	du noch irgendwie sagen möchtest, was dir (.) wichtig wäre in dem
37	Zusammenhang?
38 B	Also ich kann die Erfahrung auch nur andern empfehlen. Und äh (.)
39	vielleicht hätt ich einfach noch viel früher äh (I: (lacht)) schon diese
40	(lachend) Radikalität aufbringen (+) (I: ja) sollen, die mich dann
41	letztendlich zu diesem Sabbat-Jahr gebracht hat.
42 I	Das ist ein schönes Schlusswort. Ich danke dir für das Interview. Und
43	wünsche dir alles Gute.

44	B	Danke.
45	I	Oh Gott, oh Gott. Stopp. (.) Stopp. Ich bin ja (.) stopp. (3) Jetzt muss man
46		das

Abbildung 14: Auszug eines Detailtranskriptes.
Quelle: Eigene Darstellung

Die hier verwendeten Modulkombinationen eines journalistisches Transkriptes, eines Grundtranskriptes und eines Detailtranskriptes sind beispielhaft. Sie können in Abhängigkeit zur Verwendung des Transkriptes variiert werden, wobei auf eine sinnhafte Kombination zu achten ist. Auch ist eine Erweiterung um weitere Regeln möglich.

6.   Formaler Aufbau eines Transkriptes

Bevor man mit der Transkription eines Interviews oder einer Gruppendiskussion beginnt, ist es sinnvoll, einige formale Kriterien vorab festzulegen. Hierbei geht es um Allgemeines wie beispielsweise das Festlegen der Schriftart, das Einrichten von Seitenrändern oder auch um die Frage nach der Textausrichtung (linksbündig versus Blocksatz). Derartige Formalitäten oder Förmlichkeiten gewähren zum einen eine optische Einheitlichkeit der transkribierten Interviews. Zum anderen sollten sie so gewählt sein, dass eine gute Lesbarkeit der Transkripte gesichert ist. Denn bereits durch die zur Anwendungen kommenden Transkriptionsregeln wird je nach Detaillierungsgrad das Lesen und Verstehen eines Transkriptes erheblich beeinträchtigt. Aus diesem Grund sind die nachstehenden formalen Kriterien so gewählt, dass sie hinsichtlich der formalen Textgestaltung weitgehend den alltäglichen Lesegewohnheiten entsprechen.

Des Weiteren kann es für das spätere Arbeiten mit den Transkripten hilfreich sein, diesen einen sogenannten Transkriptionskopf voranzustellen. Der Transkriptionskopf enthält wichtige Informationen zum Interview selbst – beispielsweise die Dauer eines Interviews oder wer das Interview an welchem Ort geführt hat – und gibt zudem Auskunft über die Art und Weise der Transkription.

6.1   Allgemeine und formale Kriterien zur Transkriptgestaltung

Textverarbeitungsprogramm

In unserer heutigen Zeit ist es üblich und vor allem komfortabel, ein Transkript mit einem herkömmlichen Textverarbeitungsprogramm (zum Beispiel Microsoft Word, iWork oder Open Office) herzustellen. Sowohl der Umgang mit diesen Programmen als auch das Lesen dieser Texte beziehungsweise Textdateien dürfte den meisten Menschen mehr oder weniger vertraut sein. Sie haben das Erstellen, Vervielfältigen und das Aufbewahren, also das Speichern von Texten beziehungsweise Textdateien, enorm vereinfacht. Zudem ist mit dem Internet und der Möglichkeit E-Mails zu senden, die Weitergabe und Verbreitung dieser Texte inzwischen zur Gewohnheit geworden.

Arbeitet man bei der späteren Datenanalyse mit einer sogenannten QDA-Software (Qualitative Data Analysis), einer Software, die bei der qualitativen Datenanalyse unterstützt, wird häufig eine Textdatei im Rich Text Format (RTF) benötigt. Dieses Dateiformat ermöglicht die Übertragung eines Textes in ein anderes Verarbeitungsprogramm. Hierzu wird das in einem herkömmlichen Textverarbeitungsprogramm erstellte Transkript, beispielsweise eine Word-Datei, über die Speicher-Funktion in eine RTF-Datei konvertiert. Dies geschieht weitgehend ohne Datenverlust. Trotzdem empfiehlt es sich, falls man weitere und insbesondere ungewöhnliche oder aufwendige Notationszeichen für eine Transkription benötigen sollte, diese vorab auf ihre Transformierbarkeit zu überprüfen. Die in den Modulen vorgestellten Transkriptionszeichen und Formatierungsmerkmale können ohne Datenverlust übertragen werden.

Schriftart und Schriftgröße

Bei der Wahl der Schriftart sind proportionale Schriftarten von nicht-proportionalen Schriftarten zu unterscheiden (siehe Abbildung 15). Die meisten gängigen und gut lesbaren Schriftarten wie beispielsweise Arial oder Times New Roman sind sogenannte proportionale Schriftarten. Bei diesen nehmen die einzelnen Buchstaben so viel Raum ein, wie sie angesichts ihrer Proportion benötigen. Ein großgeschriebenes „A" nimmt also in der Breite mehr Raum ein als ein großgeschriebenes „I". Bei nicht-proportionalen Schriftarten (zum Beispiel Courier und Monaco) haben alle Buchstaben beziehungsweise Zeichen eine feste Zeichenbreite. Das heißt, die räumliche Breite der beiden oben genannten Buchstaben ist bei nicht-proportionalen Schriftarten ein und dieselbe. Derartige

Schriftarten werden häufig in der linguistischen Sprachanalyse verwendet (siehe hierzu beispielsweise das Gesprächsanalytische Transkriptionssystem (GAT), Kapitel 2.4). Sie ermöglichen unter anderem das gleichzeitige Sprechen von mehreren Personen im Rahmen der Partiturschreibweise genau abzubilden.

Die gängigen Schriftgrößen liegen zwischen 10 pt und 12 pt (Punkten).

Arial	Proportionale und nicht-proportionale Schriftarten.
Times New Roman	Proportionale und nicht-proportionale Schriftarten.
Courier	Proportionale und nicht-proportionale Schriftarten.
Monaco	Proportionale und nicht-proportionale Schriftarten.

Abbildung 15: Proportionale und nicht-proportionale Schriftarten im Vergleich. Quelle: Eigene Darstellung

Seitenränder, Zeilenabstand, Textausrichtung

Ein übliches Seitenrandformat hat links, rechts und oben einen Seitenrand von 2,5 cm, der untere Seitenrand ist häufig nur 2 cm breit. Zu überlegen ist, ob man von diesem Format abweicht. Dies ist möglicherweise sinnvoll, wenn man in einem Transkript handschriftliche Notizen festhalten möchte. In diesem Fall wird meist der rechte Seitenrand vergrößert.

Auch der Zeilenabstand nimmt Einfluss auf die Lesbarkeit eines Textes. Ein zu groß oder zu klein gewählter Abstand zwischen den Zeilen kann das Lesen des Textes, vornehmlich das Verfolgen des Zeilenwechsels, erschweren. Ein gängiger Zeilenabstand liegt zwischen einer Zeile und 1,5 Zeilen. Für ein Transkript, in welchem zahlreiche Transkriptionszeichen und Formatierungsmerkmale Anwendung finden, empfiehlt sich ein Zeilenabstand von 1,5 Zeilen.

Bei der Textausrichtung wird unter anderem zwischen einer linksbündigen Ausrichtung des Textes und dem sogenannten Blocksatz unterschieden. Ein linksbündiger Text weist durch die ungleiche Zeilenlänge einen Flatterrand auf und wird daher als weniger lesefreundlich wahrgenommen. Der Blocksatz, wie in Büchern und Zeitungsartikeln gebräuchlich, wirkt demgegenüber durch seine annähernd gleichen Zeilenlängen optisch ausgewogen und ebenmäßig. Trotz dieses Vorteiles der Formatierung im Blocksatz ist eine linksbündige Textausrichtung für das Grundtranskript und das Detailtranskript regelhaft zu empfehlen.

Zum einen ist eine linksbündige Textausrichtung für Transkripte mit Partiturschreibweise zwingend erforderlich. Denn nur bei einem linksbündigen Text ist es möglich, das gleichzeitige Sprechen oder das dem anderen „Ins-Wort-Fallen" durch das Untereinanderschreiben der gleichzeitigen Sprechakte und dem Einrücken des Textes nahezu exakt darzustellen. Diese Exaktheit ist bei einem im Blocksatz formatierten Text nicht möglich.

Zum anderen sollte beim Erstellen eines Transkriptes die Funktion „automatische Silbentrennung" des verwendeten Textverarbeitungsprogrammes deaktiviert sein. Grundsätzlich ist weder eine eigenhändige Worttrennung noch eine automatische Silbentrennung durch das Textverarbeitungsprogramm im Rahmen von Transkriptionen vorteilhaft. Das Trennen eines Wortes aus Platzgründen am Ende einer Zeile wird über das Zeichen „-" kenntlich gemacht. Dieses Zeichen findet gleichfalls Anwendung im Modul „Lautäußerungen, Wortabbrüche und Verschleifungen". Hier symbolisiert es das sprachliche Phänomen Wortabbruch. Beim Lesen eines Transkriptes, welches in einem Textverarbeitungsprogramm mit aktivierter Silbentrennungen erstellt wurde, ist nun nicht immer eindeutig und ohne Weiteres ersichtlich, ob mit dem am Zeilenende auftretenden Zeichen „-" ein Wortabbruch beispielsweise zur Selbstkorrektur des gerade Gesprochenen abgebildet werden sollte oder ob das Resultat einer automatischen Formatierungshilfe vorliegt. Um diese mehrdeutige Zeichenverwendung zu vermeiden, ist auf eine Worttrennung zu verzichten, wenn Wortabbrüche im Transkript Berücksichtigung finden sollen. In Bezug auf die Textausrichtung ist dann zu beachten, dass eine Deaktivierung der Funktion automatische Silbentrennung bei Verwendung des Formates Blocksatz zu großen, leseunfreundlichen Textlücken führen kann. Im nachstehenden, fiktiven Beispielsatz verursacht das einst längste deutsche Wort solche Textlücken (siehe Abbildung 16).

Blocksatz mit deaktivierter Silbentrennung:
Das Rinderkennungszeichnungs- und Rindfleischetikettierungsüberwachungsaufgabenübertragungsgesetz aus dem Jahr 1999 wurde im Mai 2013 abgeschafft.

Linksbündiger Satz:
Das Rinderkennungszeichnungs- und
Rindfleischetikettierungsüberwachungsaufgabenübertragungsgesetz aus
dem Jahr 1999 wurde im Mai 2013 abgeschafft.

Abbildung 16: Textausrichtung: Blocksatz versus linksbündig.
Quelle: Eigene Darstellung

Zeilennummerierung und Seitenzahl

Werden beispielsweise im Rahmen von wissenschaftlichen Veröffentlichungen einzelne Interviewsequenzen zitiert, sollte in guter, wissenschaftlicher Praxis der Leserschaft nicht nur transparent gemacht werden, aus welchem Interview das Zitat stammt, sondern auch an welcher Stelle des Interviews das Zitat zu finden ist. Eine Präzisierung des Transkriptes durch eine Zeilennummerierung und die Angabe der Seitenzahl erleichtert auch das gemeinsame Arbeiten an einem Interviewtext. Eine zitierte Aussage oder die zu analysierende Interviewsequenz ist so im Transkript schnell auffindbar und zugänglich.

Die Zeilen eines Transkriptes können fortlaufend nummeriert werden. Mithilfe der Zeilennummerierung – in Verbindung mit der Interviewnummer – können relevante Textstellen wie folgt zitiert werden: Interview 003, Zeile 325–328.

Die Zeilennummerierung kann auch seitenweise erfolgen. In diesen Fällen wird neben den betreffenden Zeilennummern auch die Seitenzahl angegeben: Interview 003, Seite 9, Zeile 25–28.

Kopf- und Fußzeile

Wenn man mehrere Gruppendiskussionen oder Interviews im Rahmen eines Forschungsprojektes geführt hat, kann es von Vorteil sein, in der Kopf- oder Fußzeile des Transkriptes das Forschungsprojekt beziehungsweise das Projektakronym zu vermerken. Ferner kann dort auch die Nummer des Interviews festgehalten werden. Beim Lesen am Bildschirm oder einer ausgedruckten Version des Transkriptes ist nun sichtbar, in welchem Interview man sich gerade befindet.

Sprecherkennzeichnung und Sprecherwechsel

Zu Beginn der Transkription sollte Klarheit darüber bestehen, wie die am Interview oder an der Gruppendiskussion beteiligten Personen im Transkript zu bezeichnen sind. Einerseits kann eine „ökonomisch" gewählte Personenbezeichnung das Transkribieren selbst erleichtern, andererseits wird mit der Wahl der Sprecherkennzeichnung ein zentraler Schritt zur Anonymisierung der Interviews beziehungsweise zur Pseudonymisierung der Beteiligten getätigt (siehe Kapitel 8). Nachstehend werden Varianten der Sprecherkennzeichnung, die sich in der Transkriptionspraxis bewährt haben, vorgestellt.

Bei einem „klassischen" Interview mit zwei Personen genügen in der Regel zwei Buchstaben, um die Personen, statt namentlich zu nennen, über eine Kodierung anzugeben. Gängige Kodierungen sind die Abkürzungen „I" für Interviewerin beziehungsweise Interviewer und „B" für die zu befragende Person. Eine weitere Möglichkeit, die sprechenden Personen zu kennzeichnen, ist über die Angabe fiktiver Initialen oder eventuell über sorgsam gewählte Fantasienamen gegeben.

Wird ein Interview oder eine Gruppendiskussion von zwei Personen geleitet, so kann eine Durchnummerierung der Sprecherkennzeichnung, zum Beispiel „I1" für die eine und „I2" für die andere interviewende Person, erfolgen. Im Rahmen einer Gruppendiskussion ist eine analoge Kennzeichnung der befragten Personen möglich (B1 für befragte Person 1, B2 für befragte Person 2, B3 für befragte Person 3 et cetera). Alternativ können die Diskussionsteilnehmenden auch alphabetisch (A, B, C et cetera) kodiert werden.

Die hier dargestellten Möglichkeiten der Sprecherkennzeichnung können um die Angabe der Geschlechtszugehörigkeit der Beteiligten erweitert werden. Der Sprecherkennzeichnung wird dann ein „m" für männlich oder ein „w" für weiblich zugefügt. Bei einer gemischtgeschlechtlichen Gruppendiskussion mit fünf Diskussionsteilnehmenden und zwei interviewenden Personen könnte die Kodierung folgendermaßen aussehen: I1w, I2m, B1m, B2w, B3w, B4m, B5w.

Die Bezeichnung der Sprechenden kann beispielsweise im Transkriptionskopf festgehalten und gegebenenfalls spezifiziert werden.

Die Abfolge der einzelnen Redebeiträge, sozusagen der Sprecherwechsel, wird in der Regel mit einem Zeilensprung oder einer Leerzeile kenntlich gemacht. Somit beginnt jeder Redebeitrag in einer neuen Zeile. Wird die Analyse der Interviews oder Gruppendiskussionen durch eine QDA-Software unterstützt, wird gegebenenfalls eine Kennzeichnung des Sprecherwechsels durch eine Leerzeile empfohlen. Nur so kann das Programm die Abfolge der einzelnen Sprechakte erkennen.

Eine Ausnahme der hier skizzierten Visualisierung des Sprecherwechsels stellt die in dem Modul Interaktion dargestellte Transkription von Äußerungen zur Sprechunterstützung dar (siehe Kapitel 4.6). In diesen Fällen wird beispielsweise das in den Redebeitrag des Befragten „hinein"geäußerte „mhm" des Interviewenden ohne Zeilensprung oder Leerzeile in die Sequenz „hinein"transkribiert.

Um den stetigen Wechsel der sprechenden Personen sowie auch die Länge der einzelnen Redebeiträge optisch hervorzuheben, empfiehlt es sich, den transkribierten Redebeitrag nach der Sprecherbezeichnung etwas einzurücken. Auf diese Weise erhält man mit einem Blick auf das Transkript einen ersten Eindruck zum Ablauf des Interviews oder der Gruppendiskussion. Auch ist die Gefahr, die Sprecherbezeichnung zu überlesen, eher gering. Nachfolgendes Beispiel zeigt die unterschiedliche Wirkweise einer eingerückten und einer nicht eingerückten Gesprächssequenz.

I   Ich bin wirklich gespannt, was du jetzt erzählen wirst. Leg doch mal los. Am besten von Anfang an.

B   Ja, mache ich doch gerne. Ich bin also 1969 geboren. In einer Stadt mit rund 300.000 Einwohnern. Meine Eltern waren Handwerker, was nicht so ungewöhnlich war.

I: Ich bin wirklich gespannt, was du jetzt erzählen wirst. Leg doch mal los. Am besten von Anfang an.

B: Ja, mache ich doch gerne. Ich bin also 1969 geboren. In einer Stadt mit rund 300.000 Einwohnern. Meine Eltern waren Handwerker, was nicht so ungewöhnlich war.

Zeitmarken

Zeitmarken im Transkript dienen dem Auffinden von bestimmten Sequenzen in der Audiodatei. Mit ihnen wird der zeitliche Verlauf eines Interviews oder einer Gruppendiskussion im Transkript dokumentiert. Hierzu wird nach einer vorab bestimmten Regel die vergehende Zeit minuten- und sekundengenau an den betreffenden Interviewsequenzen notiert.

Ein problemloses Auffinden bestimmter Sequenzen in der Audiodatei ist zum Beispiel dann besonders nützlich, wenn einzelne Passagen oder Worte der Redebeiträge für den Transkribierenden akustisch unverständlich sind (siehe Kapitel 4.7). Über die Zeitmarkierung können solche unsicher transkribierten Sequenzen in der Audiodatei leicht gefunden, erneut abgehört und gegebenenfalls im Transkript korrigiert oder ergänzt werden. Ferner sind Zeitmarken zum leichteren Auffinden bestimmter Interviewpassagen bei der wissenschaftlichen Analyse dienlich. Aufgrund der einem Transkript innewohnenden Limitationen ist das Hineinhören in relevante Sequenzen der Audiodatei gewiss erkenntnisgewinnbringend. So kann die Wirkung des Gelesenen über das „Gegen"-Hören weiter reflektiert und gegebenenfalls differenziert werden.

Die meisten Transkriptionsprogramme (siehe Kapitel 7.2) verfügen über die Möglichkeit, Zeitangaben automatisch zu generieren. Dies geschieht entweder über das Drücken einer bestimmten Tastenkombination beziehungsweise einer Funktionstaste oder die zeitlichen Markierungen werden nach jedem Absatzwechsel – das heißt, mit Drücken der „Enter"-Taste – eingefügt. Demgegenüber ist das manuelle Einfügen einer Zeitmarkierung – Raute, Angabe der Minuten, Doppelpunkt, Angabe der Sekunden, Raute – für den Transkribierenden vergleichsweise aufwendig. Deswegen sollte vor der Transkription festgelegt werden, ob und wann Zeitmarken sinnvoll zu setzen sind:

- Zeitmarken können bei Unsicherheit in der Transkription gesetzt werden.
- Zeitmarken können bei jedem Sprecherwechsel beziehungsweise zu Beginn eines jeden Sprechaktes gesetzt werden.
- Zeitmarken können nach einem bestimmten zeitlichen Intervall gesetzt werden.

Zeitmarken nach einem bestimmten Intervall zu setzen, empfiehlt sich beispielsweise bei narrativen Interviews. Diese Interviewform zeichnet sich durch eine eher geringe Anzahl an Sprecherwechseln aus. Sowohl über die Fragetechnik als auch über die Haltung der interviewenden Person wird dem oder der Befragten ein möglichst unterbrechungsfreier Raum zum Erzählen gewährt. In diesen Fällen ist es sinnvoll, eine Zeitangabe alle zwei bis drei Minuten zu setzen.

6.2 Transkriptionskopf

Ein sogenannter Transkriptionskopf sollte dem Grund- und Detailtranskript vorangestellt sein, da er sowohl Informationen zur Interviewsituation (z.B. Ort, Zeitpunkt, Dauer) als auch zur Transkription selber enthält. Zu überlegen ist zudem, ob die verwendeten Transkriptionsregeln dem Transkript vorangestellt werden.

Grundsätzlich sollte der Transkriptionskopf für alle Interviews im Rahmen eines Forschungsprojektes gleich oder ähnlich und übersichtlich gestaltet sein. Auf diese Weise erhalten alle Personen, die mit dem Transkript arbeiten, dieselben (Kontext-)Informationen zum Interview beziehungsweise zur Transkription. Es empfiehlt sich daher, eine Formatvorlage für alle Transkripte zu erstellen (siehe Anhang).

Nachfolgend werden zunächst die Informationen eines einfachen Transkriptionskopfes beispielhaft abgebildet (siehe Abbildung 17) und kurz erläutert.

Projekt	BÄKA-Barrieren in der ärztlichen Konsultation von Angehörigen
Interview-Nr.	I03
Name der Audiodatei	BÄKA_I03
Datum der Aufnahme	22.05.2013
Ort der Aufnahme	Praxisraum der Befragten
Dauer der Aufnahme	53:34 Minuten
Befragte Person	Bw
Interviewer/in	Sven Meier (I1m)
	Irene Adam (I2w)
Datum der Transkription	28.05.2013
Transkribient/in	Sven Meier
Besonderheiten	Interviewunterbrechungen wegen Batteriewechsel, ca. 10 Minuten des Interviews wurden nicht aufgenommen.

Abbildung 17: Einfacher Transkriptionskopf.
Quelle: Eigene Darstellung

- Interviewnummer
  Die Nummer des Interviews wird im Transkriptionskopf festgehalten. Diese wird beispielsweise benötigt, wenn im Rahmen einer Veröffentlichung aus dem Transkript zitiert werden soll.
- Name der Audiodatei/Tonspur
  Es ist von Vorteil, wenn der Name der Audiodatei dem Namen der Textdatei des transkribierten Interviews entspricht. Häufig ist der Dateiname dabei so gewählt, dass die Projektzugehörigkeit und die Interviewnummer oder -kennzeichnung erkenntlich sind.
- Datum, Ort und Dauer der Aufnahme
  Datum der Aufnahme und Ort des Interviews (z.B. Büro des Befragten, Seminarraum im Institut) werden im Transkriptionskopf festgehalten. Die Dokumentation der Ge-

sprächsdauer ist heutzutage – aufgrund der digitalen Auf-
nahmen – sekundengenau möglich.

- Beteiligte Personen
  Der Name der befragten Person wird nicht im Transkriptionskopf dokumentiert. Stattdessen erfolgt zum Zweck
  der Anonymisierung lediglich eine Kennzeichnung der
  Person.
  Aus Transparenzgründen werden sowohl der Name als
  auch die im Transkript verwendete Kennzeichnung der
  interviewenden Person festgehalten. Dies ist beispielsweise bei großen Studien ratsam, wenn an der Datenerhebung mehrere Personen beteiligt sind.

- Datum der Transkription und transkribierende Person
  Des Weiteren werden das Datum der Transkription und
  der Name der transkribierenden Person notiert. Dies geschieht auch aus Qualitätssicherungsgründen, gerade
  dann, wenn im Rahmen einer groß angelegten Studie
  mehrere Transkribierende eingebunden sind.

- Besonderheiten
  Im Transkriptionskopf können Besonderheiten sowohl in
  der Interviewsituation als auch bei der Transkription
  stichwortartig notiert werden. Solche Besonderheiten sind
  beispielsweise das Auftreten von technischen Problemen
  während der Aufnahme oder eine durch Hintergrundgeräusche bedingte mangelhafte Tonqualität.

Neben diesen grundlegenden Informationen zu einem Interview
beziehungsweise zu einer Transkription können weitere – projekt-
bezogene beziehungsweise das Projektmanagement betreffende –
Merkmale in den Transkriptionskopf aufgenommen werden. Diese
Informationen könnten folgende sein:

- Pfadname
  Alle zum Trankskript gehörenden Dateien können mit ihrem Pfadnamen im Transkriptionskopf aufgeführt werden
  (z.B. Projektordner, Audiodatei).

- Uhrzeit
  Die Uhrzeit zu Beginn und zum Ende eines Interviews
  kann gegebenenfalls festgehalten werden. So ist ersicht-

lich, zu welcher Tageszeit das Interview oder die Gruppendiskussion geführt wurde.

- Datenerhebung
  Interviewtyp (z.B. Leitfadeninterview, problemzentriertes Interview) und Art der Datenerhebung (Face-to-Face, telefonisch, Video-Chat) können dokumentiert werden.
- Soziodemografie und ähnliche Merkmale
  Personenbezogene Angaben zum Gesprächspartner oder zur Gesprächspartnerin können auch stichwortartig im Transkriptionskopf festgehalten werden. Folgende Informationen könnten hierbei von Bedeutung sein: Geschlecht, Alter, Bildungsstand, Beruf, Familienstand, Migrationshintergrund.
- Anonymisierung
  Es wird festgehalten, wie die während des Interviews genannten Daten, zum Beispiel Personennamen von Dritten oder Ortsnamen, im Sinne einer Anonymisierung bereits verfremdet werden (siehe Kapitel 8).
- Informierte Einwilligung
  Im Transkriptionskopf kann dokumentiert werden, ob eine unterschriebene Zustimmungserklärung hinsichtlich Aufzeichnung, Transkription, Auswertung und Veröffentlichung vorliegt (siehe Kapitel 8).

Nachstehend ist ein erweiterter Transkriptionskopf abgebildet. Dieser kann selbstverständlich projektbezogen modifiziert werden (siehe Abbildung 18).

Projekt	BÄKA-Barrieren in der ärztlichen Konsultation von Angehörigen
Interview-Nr.	I16
Name/Pfad Audiodatei	BÄKA_I16 X:\Projekte\03\BÄKA \06_Daten\Interviews\Interview16
Datum/Uhrzeit der Aufnahme	22.05.2013; 9:15–10:25 Uhr
Ort der Aufnahme	Praxisraum der Befragten
Dauer der Aufnahme	53:34 Minuten
Datenerhebung	Experteninterview, telefonisch
Befragte Person	Bw
Soziodemografie	Gynäkologin in eigener Praxis, 43 Jahre, getrennt lebend, 2 Kinder
Informierte Einwilligung	Telefonisch am 22.05.13, schriftlich folgt
Anonymisierung	Durch Beschreibung in Klammern, z.B. [Name der Ehefrau]
Interviewer/in	Sven Meier (I)
Datum der Transkription	28.05.2013
Transkribient/in	Transkriptionsbüro Fonoskript
Besonderheiten	Schlechte Tonqualität, unsichere Transkription mit Zeitmarken versehen

Abbildung 18: Erweiterter Transkriptionskopf.
Quelle: Eigene Darstellung

Auch die zur Anwendung kommenden Transkriptionsregeln können in den Transkriptionskopf integriert werden. Je nach Umfang und Ausführlichkeit nimmt der Transkriptionskopf dann meist eine Seite ein.

7. Technische Ausstattung und Möglichkeiten

Das vorliegende Kapitel thematisiert zum einen die Qualität von Audiodateien. Hierbei geht es sowohl um Beachtenswertes bei der technischen Aufnahme von Interviews und Gruppendiskussionen als auch um die Bedingungen einer weitgehend störungsfreien Aufnahmesituation. Zum anderen werden die Unterstützungsleistungen von Transkriptionsprogrammen vorgestellt. Des Weiteren werden die Optionen aktueller Spracherkennungsprogramme erläutert. Abschließend wird eine kleine Auswahl an Programmen vorgestellt, welche bei der Arbeit mit Audiodateien behilflich sein können.

7.1 Zur Audioaufnahme

Die Qualität eines Transkriptes fußt auf der Qualität der Audioaufnahme. Nur wenn diese in einer angemessenen Tonqualität vorliegt, kann auch ein detailliertes Transkript angefertigt werden. Je nach Klangbild können Spracheigenheiten, das gleichzeitige Sprechen von Personen oder auch Zuhörersignale im Transkript eingehend berücksichtigt werden. Ferner wird das Transkript weniger Lücken aufgrund unverständlicher Sequenzen aufweisen, wenn auch akustische Störfaktoren in der Aufnahmesituation möglichst vermieden werden.

Heutzutage gibt es – von hochkomplexen, multifunktionalen Geräten bis hin zur Aufnahmesoftware für ein Handy – eine Vielzahl an meist digitalen Möglichkeiten, ein Interview oder eine Gruppendiskussion aufzunehmen. Die Entscheidung für eine dieser Varianten hängt von vielen Faktoren ab: der Regelmäßigkeit oder der Häufigkeit des Gebrauchs, der Benutzerfreundlichkeit – wie intuitive Bedienbarkeit und haptische Eigenschaften – und natürlich auch von den Anschaffungskosten. Unbedingt zu berücksichtigen bei der zu treffenden Wahl sind das Aufnahmeformat beziehungsweise seine Speichermöglichkeiten. So sollte die digitale Audiodatei unter einem gängigen Dateiformat zu speichern sein. Gängige Audioformate sind WAV, MP3, WMA, gängige Audio-Videodateien sind AVI und MPEG.[4] Vorzufinden sind auch Diktiergeräte, deren Sprachspeicherung auf einer DSS-Datei (Digital Speech Standard) basiert. Dieses sogenannte proprietäre Dateiformat weist zwar eine hohe Klangqualität auf und ist zudem gut komprimierbar, was das Speichern und das Übertragen der Daten erleichtert, aber es bedarf zum Abspielen einer meist kostenpflichtigen Software. Überdies kann eine DSS-Datei nicht ohne Weiteres in ein gängiges Audioformat umgewandelt werden, somit ist das spätere Verschriftlichen der Audiodatei mithilfe einer zeitsparenden Transkriptionssoftware, welche dieses Format nicht unterstützt, nahezu ausgeschlossen.

Die Aufnahmequalität derzeitiger Aufnahmegeräte ist meist so gut, dass beispielsweise bei einem Interview in einem Café oft auch die Gespräche am Nebentisch aufgezeichnet werden und im Hintergrund immer noch gut zu hören sind. Für die Transkribierenden sind solche andauernden Nebengeräusche sehr belastend. Daher und insbesondere auch bei der Verwendung eines Aufnahmegerätes mit einer weniger guten Aufnahmequalität sollte die Tonaufnahme in einem weitgehend geräuscharmen Raum stattfinden. Das heißt, vor jeder Aufnahme sollte geprüft werden, ob eventuell vorhandene Hintergrundgeräusche minimiert werden können. Diese störenden Geräusche sind üblicherweise der durch das offene Fenster dringende Straßenlärm oder – bei offenen Türen – hallende Schritte auf dem Flur sowie eine im Hintergrund laufende Musik. Werden beispielsweise bei einer Gruppendiskussion Getränke und/oder Gebäck gereicht, ist es ratsam, dieses Prozedere vor der eigentlichen Aufnahme zu beenden. Klapperndes Geschirr, das Umrühren des Kaffees oder Tees können die Hörqualität erheblich beeinträchtigen. Um eine weitere, geläufige Störquelle auszuschalten, können die Beteiligten eines Interviews gebeten werden, ihre Handys für die Dauer des Gespräches auf den Modus

---

4   WAV = Waveform Audio File Format, MP3 = MPEG-1 Audio Layer 3, WMA = Windows Media Audio, AVI = Audio Video Interleave, MPEG = Moving Picture Experts Group.

„lautlos" einzustellen. Für Außenaufnahmen ist zudem anzumerken, dass in diesen Fällen meist Windgeräusche die Tonqualität beachtlich vermindern. Diese können jedoch mit der Verwendung eines Mikrofon-Windschutzes abgefangen werden.

Obwohl man generell von einer eher guten Aufnahmequalität gegenwärtiger Aufnahmegeräte ausgehen kann, sollte man sich doch über eine Probeaufnahme Sicherheit darüber verschaffen, wo das Gerät optimal zu platzieren ist oder ob gegebenenfalls ein externes Mikrofon zur Gewährleistung einer guten Klangqualität notwendig ist. Bei Gruppendiskussionen – drei Personen und mehr – und bei erwartungsgemäß sehr lebhaften Gruppen kann es zudem sinnvoll sein, mit mehreren Aufnahmegeräten zu arbeiten. Diese werden unterschiedlich positioniert, um so keine Äußerung der an der Gruppendiskussion beteiligten Personen zu verlieren. Zur Transkription müssen dann mehrere Tonspuren abgehört werden, was den Transkriptionsaufwand erhöht.

Zunehmend Anwendung findet auch das Mitschneiden von Telefoninterviews. Diese Form der Datenerhebung ist unter anderem bei Journalistinnen und Journalisten sehr beliebt. Die Qualität der Aufnahme kann dabei stark variieren. Gute Ergebnisse werden bei der Verwendung eines Adapters, der es ermöglicht ein Aufnahmegerät zwischenzuschalten, erreicht.

Nicht zuletzt tragen eine Vertrautheit mit der angewandten Technologie und das Vorbereitetsein auf gewisse Eventualitäten zu einer guten Aufnahmequalität bei. Nachfolgend ist eine Checkliste zur Minimierung externer und interner Störfaktoren zu finden (siehe Tabelle 11). Diese Checkliste erinnert beispielsweise an das Überprüfen der Batterielaufleistung und empfiehlt das Bereithalten von Ersatzbatterien, um einem eventuellen Ausfall schnell entgegenwirken zu können.

Tabelle 11: Checkliste: Störungsfreie Aufnahme

Checkliste: Störungsfreie Aufnahme	✓
Ist der Umgang mit dem Aufnahmegerät/Mikrofon vertraut?	
Ist das Aufnahmegerät funktionstüchtig?	
Sind die Batterien bzw. ist der Akku aufgeladen?	
Liegen Ersatzbatterien bereit?	
Wurde ein Probelauf durchgeführt?	
Ist das Aufnahmegerät/Mikrofon für die Aufnahme optimal platziert?	
Steht das Aufnahmegerät/Mikrofon sturzsicher auf einem festen Untergrund?	
Bei Innenaufnahmen: Sind Fenster und Türen geschlossen?	
Bei Außenaufnahmen: Ist ein Mikrofon-Windschutz nötig?	
Sind weitere Störquellen (z.B. Handy, Radio) ausgeschaltet?	
...	

7.2 Transkriptionssoftware und Zubehör

Zu einer komfortablen und vor allem zeitsparenden Verschriftlichung der erzeugten Audiodatei empfiehlt sich die Nutzung einer Transkriptionssoftware. Diese Audiowiedergabe-Software unterstützt über unterschiedliche Funktionen die transkribierende Person bei der Transkripterstellung. Gängige Audio-Abspielprogramme wie zum Beispiel iTunes, Quick-Time-Player oder Windows-Media-Player verfügen bislang nicht über die nachstehend beschriebenen Funktionen und sind daher nur bedingt hilfreich zur Anfertigung eines Transkriptes.

Mithilfe einer Transkriptionssoftware können Audiodateien der üblichen Formate abgespielt werden. Besonders vorteilhaft ist für die transkribierende Person, dass sie die Wiedergabe der Audiodatei über die Tastatur des Computers – mithilfe zu bestimmender Funktionstasten – oder über einen Fußschalter steuern kann.

Da nun das Zurückspulen, Abspielen, Anhalten und Vorspulen der Audiodatei quasi auf Knopfdruck beziehungsweise auf Fußdruck erfolgen kann, haben die Transkribientin und der Transkribient die Hände allein zum Tippen frei.

Die Transkriptionssoftware ermöglicht darüber hinaus, dass mit dem Stoppen der Wiedergabe ein vorher selbst definiertes, in der Regel ein zwei bis drei Sekunden dauerndes Rückspulintervall aktiviert wird. Die angehaltene Audiodatei wird bei der erneuten Wiedergabe automatisch zurückgespult, somit ist die zuletzt transkribierte Sequenz erneut zu hören.

Ferner können Zeitmarken bei vielen Programmen ohne Weiteres – über das Drücken der „Enter"-Taste oder einer zu bestimmenden Funktionstaste – in das Transkript eingefügt werden. Wird eine Zeitmarke im Transkript mit dem Cursor angeklickt, – so gestatten es manche Transkriptionsprogramme – „springt" die Audiowiedergabe-Software genau an diese Stelle in der Audiodatei. Die gesuchte Sequenz ist bequem, ohne langes Hin- und Herspulen aufzufinden und kann erneut angehört werden. Gängige QDA-Softwares unterstützen diese Zeitmarkenfunktion.

Des Weiteren kann mithilfe einer Transkriptionssoftware die Abspielgeschwindigkeit bei konstanter Tonhöhe variiert werden. Die Abspielgeschwindigkeit wird verlangsamt oder erhöht, ohne dass es zu einer allzu starken Verzerrung im Stimmbild kommt. Gegebenenfalls könnte dies bei schwer verständlichen Äußerungen möglicherweise von Nutzen sein.

Neben Audioformaten können einige Transkriptionsprogramme auch Videodateien wiedergeben. Die Verwendung dieser Formate ist insbesondere bei der Transkription von Gruppendiskussionen von Vorteil. Basiert die Aufnahme der Gruppendiskussion allein auf einer Audiodatei, ist es für die transkribierende Person nicht immer einfach, die gehörten Stimmen den „richtigen" Personen zuzuordnen. Wurde die Diskussion hingegen videografiert, muss die transkribierende Person sich nicht allein auf ihr Ohr verlassen, sondern kann die Personenzuordnung visuell überprüfen.

Einige Transkriptionsprogramme verfügen zudem über eine Dateiverwaltungsfunktion, welche das Laden und Empfangen von Dateien per Internet, per E-Mail oder über ein lokales Computernetzwerk unterstützt. Letztendlich gehen alle diese Funktionen[5] mit einer erheblichen Zeitersparnis bei der Transkription eines Interviews oder einer Gruppendiskussion einher.

Erwähnenswert ist ferner das Transkribieren mit einem Kopfhörer. Ein guter Kopfhörer unterstützt die Klangqualität einer Audioaufnahme und trägt so zu der Erstellung eines qualitativ hochwertigen Transkriptes bei. Nur wenn man das Gesprochene deutlich versteht, kann man das Gehörte exakt visualisieren. Ein Kopfhörer intensiviert das Hören und schließt – je nach Modell – störende Umgebungsgeräusche aus. Neben der Klangqualität des Kopfhörers ist auch auf den Tragekomfort zu achten. Ein gut sitzender Kopfhörer ist nicht unerheblich, wenn man bedenkt, dass die Transkriptionszeit für ein einstündiges Interview in einer guten Tonqualität je nach Detaillierungsgrad des Transkriptes und Fertigkeit der transkribierenden Person geschätzt das vier- bis siebenfache beträgt.[6]

7.3 Spracherkennungssoftware

Eine Spracherkennungssoftware ist ein Programm, welches unter anderem dazu genutzt wird, gesprochene Sprache quasi unmittelbar in einen Text zu übertragen. Diese Programme finden vorwie-

---

5   In Deutschland haben sich die Transkriptionsprogramme Express Scribe (NCH Software Inc.) und f4 (Mac-Version: f5) (dr. dresing & pehl GmbH) etabliert. Die kostenlose Version der Transkriptionssoftware Express Scribe unterstützt die gängigsten Audioformate. Werden auch andere Formate zum Beispiel DSS (Digital Speech Standard) benötigt oder möchte man einen technischen Support, kann auf die professionelle Version von Express Scribe aufgerüstet werden. Mit dem Programm f4 kann man kostenlos bis zu 10 Minuten Interviewmaterial transkribieren. Ist das Material umfangreicher, kann eine leistungsstarke, kostenpflichtige Version erworben werden. Für linguistische Belange gibt es den jeweiligen Transkriptionskonventionen entsprechende Transkriptionsprogramme, beispielhaft genannt seien: EXMARaLDA Partitur-Editor, ELAN und FOLKER.

6   Kuckartz et al. (2008, S. 29) sprechen von einer vier- bis achtfachen Bearbeitungszeit für eine Interviewstunde. Dresing et al. (2008, S. 9) berichten in ihrer Studie von einer durchschnittlich 9,6-fachen Bearbeitungs- und Korrekturzeit.

gend in solchen Bereichen Anwendung, in denen bisher üblicherweise Texte oder Dokumente über ein Diktat produziert werden wie beispielsweise im Bereich der Jurisprudenz oder im Gesundheitssektor. Hier gibt es speziell für die Erstellung von Arztbriefen und medizinischen Berichten entwickelte Spracherkennungsprogramme. Diese verschriftlichen – nach Anpassung der Software an die individuelle Sprechweise des Diktierenden – die gesprochene Sprache unmittelbar. Mittlerweile verfügen sogar bereits zahlreiche Smartphones über eine Spracherkennungssoftware.

Zum derzeitigen Stand der technischen Entwicklung sind Spracherkennungsprogramme nur äußerst eingeschränkt zur Transkription von Interviews und Gruppendiskussionen geeignet. Dies beruht auf der – im Vergleich zu einem Diktat – weitaus höheren Komplexität einer Gesprächs- oder Interviewsituation. Diese zeichnen sich unter anderem durch Wortabbrüche und Wortverschleifungen, dem gleichzeitigen Sprechen der beteiligten Personen, mundartlichen Sprechweisen und meist zahlreicher Umgebungsgeräuschen aus. Daher benötigt man bei dem Arbeiten mit einer Spracherkennungssoftware zum einen eine ruhige Umgebung ohne störende Nebengeräusche und zum anderen müssen die Sprechenden über eine deutliche, möglichst akzentfreie Aussprache verfügen. Zwar ist es möglich, über die Erstellung eines individuellen Benutzerprofils, die Spracherkennungssoftware zu trainieren, das heißt, das Programm wird an die Sprechweise des Nutzers angepasst, jedoch ist ein Wechseln zwischen verschiedenen Profilen, wie es im Zuge einer Gesprächssituation nötig wäre, bisher nicht möglich. Nicht unerheblich ist auch, dass bei den heutigen Spracherkennungsprogrammen Satzzeichen diktiert werden müssen. Im Rahmen eines Interviews müsste die Frage des Interviewers folgendermaßen gestellt werden: „Frau Müller Komma wie sehen Sie die Auswirkungen der gegenwärtigen Krise auf Ihr Unternehmen Fragezeichen". Selbst wenn für die eine oder andere Person solch ein Szenarium denkbar wäre, ist es kaum vorstellbar, dass die Befragten fortwährend unter Angabe von Satzzeichen antworten werden. Satzzeichen sind jedoch für Spracherkennungsprogramme essenziell, da sie als sogenannte Haltepunkte Orientierung beispielsweise bei der Groß- und Kleinschreibung geben. Auf weitere zu bewältigende Schwierigkeiten stößt man bei der Erstellung eines detailreichen Transkriptes, in welchem die im Redefluss auffällige leise oder betonte Aussprache einer Person festgehalten werden soll. Diese Transkriptionszeichen müssten wahrscheinlich im Nachhinein eingepflegt werden. Dies gilt ebenfalls für den Umgang mit non-verbalen Äußerungen wie Seufzen, der Zuordnung von sprechunterstützenden Zuhörersignalen und der Kenntlichmachung des gleichzeitigen Sprechens.

Trotz der hier aufgezeigten Widrigkeiten bei der Anwendung einer Spracherkennungssoftware in der realen Interview- oder Gesprächssituation ist damit die Frage nach einem möglichen Nutzen einer solchen Technologie noch nicht abschließend geklärt. So könnte prinzipiell das sogenannte „Nachsprechen" oder „Respeaking" – in Anlehnung an das Prozedere, wie es zum Teil bei der Untertitelung von Fernsehbeiträgen für Hörgeschädigte Anwendung findet – ein Verfahren sein, diesen Barrieren zu begegnen.

Beim Respeaking zu Transkriptionszwecken würde die Audiodatei des zu transkribierenden Interviews sequenzweise abgehört und – nach der Erstellung eines individuellen Benutzerprofils – in eine Spracherkennungssoftware diktiert werden. Fragen und Antworten würde also ein und dieselbe Person übernehmen. Dieses Verfahren wurde in einer Studie von Dresing et al. (2008) mit Studierenden getestet. Dabei wurden die Transkriptionsregeln bewusst stark reduziert, lediglich eine wortgenaue Verschriftlichung mit sichtbarem Sprecherwechsel sollte realisiert werden. Neben einem Spaßeffekt, „Gesprochenes automatisch auf dem Bildschirm angezeigt zu bekommen" (ebd. S. 11) verweist die Untersuchung auf eine noch mangelnde Funktionalität und Bedienbarkeit des genutzten Spracherkennungsprogrammes. Ein Zeitvorteil durch die Programmnutzung konnte im Hinblick auf eine manuelle Transkription nicht belegt werden.

7.4 Nützliche Software für den Umgang mit Audiodateien

Im Internet auffindbar sind zum Teil kostenfreie Sound- oder Audioprogramme für die Betriebssysteme von Microsoft und Apple.

Mit diesen können Audiodateien (und gegebenenfalls auch Videodateien) im Klang (z.B. Tonverstärkung, Geräuschreduktion) oder
in anderer Weise bearbeitet werden. So ist es beispielsweise möglich, aus einer Videodatei eine MP3-Spur zu extrahieren.[7] Man
erhält nach der Extraktion eine separate Tonspur im MP3-Format.
Dies ist unter anderem dann hilfreich, wenn Dateien per E-Mail
verschickt werden müssen. Eine MP3-Datei nimmt weitaus weniger Speicherplatz in Anspruch als eine Videospur.

Ferner gibt es multifunktionale Programme,[8] welche es ermöglichen, Audiodateien zu schneiden. Hierzu wird eine bestimmte
Sequenz aus der Tonspur „entnommen" und separat abgespeichert.
Dies ist zum Beispiel sinnvoll, wenn sich vor oder nach der Aufnahme nicht relevante Gesprächssequenzen befinden. Auch können relevante Gesprächssequenzen aus verschiedenen Interviews
ausgewählt und in einer Datei zusammengeführt werden.

Des Weiteren ist es in dem Fall, dass eine Audiodatei in einem
Monoformat, also einer Einkanaltechnik, aufgenommen wurde,
und somit kein Raumklang wiedergegeben werden kann, für die
transkribierende Person von Vorteil, diese Datei in ein Stereofor-
mat umzuwandeln. Diese Umwandlung führt zum einen zu einer
Verbesserung der Klangqualität und ist zum anderen weniger belastend für das Gehör, da die transformierte Datei nun über beide
Ohren zu hören ist.

Auch das Umwandeln einer Audiodatei in andere Audioformate ist generell – eine oben stehend angesprochene Ausnahme
sind DSS-Formate – möglich. So können WMA-Dateien prob-
lemlos in MP3-Dateien umgewandelt werden. Dies ist zum Beispiel dann vonnöten, wenn eine WMA-Datei auf einem OS-X-
Betriebssystem abgespielt werden soll. Dieses Format wird von
Apple nicht unterstützt.

---

7   Zum Beispiel mit dem kostenlosen Programm „Handbrake".
8   Zum Beispiel das kostenlose Programm „Audacity".

8. Anonymisierung, Datenschutz und Datensicherheit

Im nachfolgenden Kapitel geht es um die Anonymisierung personenbezogener Daten sowie um den Datenschutz und die Datensicherheit. Es wird vorgestellt, wie beispielsweise mit den im Rahmen der Interviews und Gruppendiskussionen genannten Personen oder Ortsangaben umzugehen ist. Diese sollten zur Wahrung der Anonymität in einem (wissenschaftlichen) Transkript in verfremdeter Weise wiedergegeben werden. Bei den Themen Datenschutz und Datensicherheit geht es zum einen um die Gewährleistung der Rechte der an den Interviews und Gruppendiskussionen teilnehmenden Personen und zum anderen um einen möglichst sicheren Umgang mit den digitalen Daten. Dieser Aspekt ist insbesondere auch dann von Wichtigkeit, wenn die Transkription der durchgeführten Befragungen nicht durch das Forschungsteam selbst, sondern von einem externen Transkriptionsdienstleister übernommen wird. Die nachstehenden Hinweise orientieren sich dabei unter anderem an dem Konzeptionspapier zu Ethik und Datenschutz im Kontext qualitativer Forschung der Arbeits- und Koordinierungsstelle Gesundheitsversorgungsforschung (AKG) in Bremen (vgl. Müller et al. 2009) sowie den im Internet veröffentlichten Hinweisen und Empfehlungen der mit den datenschutzrechtlichen Angelegenheiten beauftragten Behörden.

8.1 Anonymisierung

In den Redebeiträgen der an den Interviews oder Gruppendiskussionen beteiligten Personen sind meist Angaben zu finden, die es Dritten ermöglichen, den Urheber des Gesprochenen zu identifizieren. Solche Angaben können sich einerseits direkt auf die eigene Person beziehen zum Beispiel Angaben zu Alter, Geschlecht, Beruf, ethnischer Herkunft oder Ähnlichem. Andererseits können die Angaben das Lebensumfeld der interviewten Person betreffen. Darunter fallen beispielsweise Hinweise auf und namentliche Nennungen von Bezugspersonen – „mein Kollege aus der Verwaltung, der Manfred Schmitz" – und Orten – „im Café Bohne in der Kölner Südstadt". Derartige Anhaltspunkte sind im Sinne der zu gewährleistenden Anonymität der Gesprächsbeteiligten in einem wissenschaftlichen Transkript so abzuändern, dass keine Rückschlüsse mehr auf die befragte Person vorgenommen werden können.

In Paragraf 3, Absatz 6 des Bundesdatenschutzgesetztes (BMJV 2014a, o. S.) ist der Begriff Anonymisieren wie folgt definiert: „Anonymisieren ist das Verändern personenbezogener Daten derart, dass die Einzelangaben über persönliche oder sachliche Verhältnisse nicht mehr oder nur mit einem unverhältnismäßig großen Aufwand an Zeit, Kosten und Arbeitskraft einer bestimmten oder bestimmbaren natürlichen Person zugeordnet werden können." Irena Medjedović und Andreas Witzel (2010) beschreiben in ihrem Buch zur Wiederverwendung von qualitativen Daten drei Anonymisierungsstrategien: Die formale Anonymisierung sieht das Entfernen aller Daten mit direktem Identifizierungscharakter vor. Bei der faktischen Anonymisierung werden die Daten mit direktem und indirektem Identifizierungscharakter so verändert oder reduziert, dass eine Wiedererkennung der betreffenden Person nur unter einem erheblichen Mehraufwand zu realisieren ist. Demgegenüber schließt die absolute Anonymisierung eine Identifizierung gänzlich aus. In diesem Fall werden die Daten so stark verfremdet, dass ein Personenbezug unmöglich zu bewerkstelligen ist.

In der qualitativen Sozialforschung haben sich unterschiedliche Praktiken zur Umgestaltung beziehungsweise zur Maskierung der Daten mit Identifizierungscharakter etabliert. Grundsätzlich kann dies über Buchstaben erfolgen, auch die Verwendung von Pseudonymen oder erklärenden Beschreibungen ist möglich. So werden beispielsweise bei Gruppendiskussionen nach Ralf Bohnsack (2010, S. 237) die teilnehmenden Personen über einen Großbuchstaben und je nach Geschlecht mit einem „f" für weiblich oder einem „m" für männlich gekennzeichnet. Werden Bezugspersonen in der Diskussion benannt, erhalten diese einen erdachten Namen aus dem entsprechenden Kulturkreis. In dem von

Bohnsack gewähltem Beispiel wird im Zuge der Anonymisierung der Vorname „Mehmet" durch den Jungennamen „Kamil" ersetzt. Pseudonyme können demnach so gewählt sein, dass sie eine „bedeutungsähnliche Veränderung" der ursprünglichen Daten darstellen (Rosenthal 2005, S. 99). Ebenfalls ist es üblich, statt der Verwendung eines Pseudonyms eine erklärende Umschreibung in das Transkript einzufügen. Wird beispielsweise im Rahmen eines Interviews die eigene Schwester namentlich benannt oder werden direkte Ortsangaben gegeben, können diese über in Klammern stehende Erklärungen ausgetauscht werden, beispielsweise [Name der Schwester], [Adresse des Arbeitgebers] oder [Kleinstadt in Rheinland Pfalz].

Bei der Anonymisierung der Transkripte ist zu beachten, dass die Vorgehensweise der Datenmaskierung für alle Interviews und Gruppendiskussionen eines Projektes einheitlich zu gestalten ist. Bei der Entscheidung, welche Anonymisierungsstrategie (Entfernen der Daten mit Identifizierungscharakter oder Maskierung der Daten) und welche Umgestaltungsoption (Buchstaben als Platzhalter, Pseudonyme oder erklärende Umschreibung) angewandt werden soll, ist zu bedenken, dass diese – aus datenschutzrechtlichen Gründen notwendige – Veränderung der gesprochenen Worte zu einer weiteren Verfremdung der Ursprungsdaten führt. Im schlimmsten Falle könnte diese Transformation – gesprochenes Interview → transkribiertes Interview → anonymisiertes Interview – mit einem Verlust des Sinngehaltes der Primärdaten einhergehen (vgl. Hildenbrand 2005).

Des Weiteren ist zu erwägen, ob die Anonymisierung bereits während des Transkribierens erfolgen soll, dieses Vorgehen setzt voraus, dass die Transkription vom Forschungsteam selbst übernommen wird. Oder ob die Anonymisierung der Daten ein separater Schritt im Forschungsprozess darstellt und somit nach der Transkription durchgeführt wird. Im Sinne einer hohen Datenqualität empfiehlt sich letzteres.

Bei der nachträglichen Anonymisierung kann sich die Transkribientin und der Transkribient allein auf die Verschriftlichung der „gehörten Daten" konzentrieren, ohne dabei auf datenschutzrechtlich sensible Angaben achten zu müssen. Zudem besteht in der Phase der Transkripterstellung häufig noch Unklarheit darüber, welche der von den Interview- oder Diskussionsteilnehmern geäußerten Angaben als potenzielle Identifikatoren zu bewerten sind. Dies erschließt sich meist erst in der Gesamtsicht aller geführten Interviews beziehungsweise Gruppendiskussionen.

Wird das Datenmaterial von einem externen Dienstleister verschriftlicht, ist damit umzugehen, dass die mit der Transkription beauftragte Person zum einen die Interview- und Diskussionsteilnehmer möglicherweise erkennt und zum anderen gegebenenfalls Kenntnis über Vertrauliches erhält. Daher muss dafür Sorge getragen sein, dass a) die interviewten Personen dem Vorgehen der externen Transkription zustimmen und b) dass der Datenschutz durch die mit der Transkription beauftragte Person ebenfalls gewährleistet ist. Formal kann dies über die Einwilligungserklärung der zu interviewenden Personen und eine Vertraulichkeitserklärung des beauftragen Dienstleisters geregelt werden.

8.2 Datenschutz

Mit den oben beschriebenen Verfahren zur Anonymisierung der transkribierten personenbezogenen Angaben werden Rückschlüsse auf die Auskunft gebende Person erheblich erschwert beziehungsweise gänzlich vermieden. Die Anforderung der im Rahmen der Forschungstätigkeit zu gewährleistenden Anonymität der „beforschten" Personen geht einher mit der Wahrung des Grundrechtes auf informationelle Selbstbestimmung.

Das Grundrecht auf informationelle Selbstbestimmung basiert auf den grundgesetzlichen Persönlichkeitsrechten. Es sichert jedem Einzelnen das Recht zu, über die Preisgabe und Verwendung seiner persönlichen Daten zu bestimmen. In diesem Sinne geht es also nicht um den Schutz von Daten, sondern um den Schutz der „Freiheit der Menschen, selbst zu entscheiden, wer was wann und bei welcher Gelegenheit über sie weiß" (BfDi 2011, S. 4).

Diese personenbezogenen Angaben sind nach dem Bundesdatenschutzgesetz definiert als „Einzelangaben über persönliche oder sachliche Verhältnisse einer bestimmten oder bestimmbaren natürlichen Person" (BDSG § 3, Absatz 1, zitiert nach BMJV 2014b, o.S.). Hierbei handelt es sich beispielsweise um den Name, das

Alter, den Familienstand, das Geburtsdatum, die Anschrift, die Telefonnummer oder auch die E-Mail-Adresse einer Person. Über die Kenntnis dieser Daten ist es – direkt oder indirekt – möglich, die Identität einer Person festzustellen. Ferner gehören zu den personenbezogenen Daten Angaben über die ethnische Herkunft, die politische Meinung, religiöse oder philosophische Überzeugungen sowie Aussagen zur Gesundheit oder zum Sexualleben (vgl. BDSG § 3, Absatz 9).

Sofern nicht bereits anonymisierte Daten vorliegen, erheben Wissenschaftlerinnen und Wissenschaftler für ihre jeweiligen Forschungsvorhaben datenschutzrechtlich sensible Angaben. Sie sind daher verpflichtet, die Regelungen der EG-Datenschutzrichtlinie zur Verarbeitung personenbezogener Daten für Forschungszwecke zu beachten. Zudem regeln die jeweiligen Landesdatenschutzgesetze und das Bundesdatenschutzgesetz die Voraussetzungen ihrer wissenschaftlichen Nutzung (siehe hierzu ausführlich Metschke/Wellbrock 2002).

Über die Einwilligungserklärung wird die Beziehung zwischen den Forschenden und den zu befragenden Personen geregelt. Sie konstituiert somit den Kompromiss zwischen dem Recht auf Forschungsfreiheit und dem Recht auf informationelle Selbstbestimmung. Mit ihr finden die formalen und inhaltlichen Anforderungen der datenschutzrechtlichen Bestimmungen zur Erhebung und Verarbeitung personenbezogener Angaben Berücksichtigung. Eine rechtswirksame Einwilligung setzt eine vorherige, schriftliche Zustimmung der betreffenden Personen und deren Informiertheit voraus.

Eine informierte Einwilligung umfasst die Kenntnisnahme der betreffenden Person über die Art der Daten, Form und Zweck der Verarbeitung und der daran beteiligten, verantwortlichen Personen. Sie bezieht ebenso Hinweise auf das Recht und die Folgen der Verweigerung der Einwilligung ein. Über das Internet sind zahlreiche Muster-Einwilligungserklärungen zu finden, eine detaillierte Einwilligungserklärung im Rahmen qualitativer Forschungsprojekte findet sich beispielsweise bei Müller et al. (2009).

Nachstehend sind die Inhalte und Aspekte, über die eine Person aufzuklären ist, aufgelistet (Metschke/Wellbrock 2002, S. 26):

1. verantwortliche/r Träger/in und Leiter/in des Forschungsvorhabens
2. Zweck des Forschungsvorhabens
3. Art und Weise der Verarbeitung der Daten
4. Personenkreis, der von den personenbezogenen Daten Kenntnis erhält
5. in die Studie einbezogene Kooperationspartner, soweit sie mit eigenständigen Aufgaben bei der Verarbeitung personenbezogener Daten betraut sind
6. Zeitpunkt der Löschung bzw. Vernichtung der personenbezogenen Daten
7. evtl. Empfänger und Abrufberechtigte, denen die Daten verfügbar gemacht werden können
8. das Recht auf Widerruf der Einwilligung
9. das Recht auf Auskunft und Einsicht in die seine Person betreffenden Daten
10. das Recht auf Berichtigung fehlerhaft gespeicherter Daten

Wie im oben stehenden fünften Gliederungspunkt aufgeführt, sind die an den Interviews oder Gruppendiskussionen teilnehmenden Personen darüber aufzuklären, dass die mit ihnen geführten Gespräche transkribiert werden. Ebenso sind sie darüber in Kenntnis zu setzen, ob die erhobenen Daten intern – von dem Forschungsteam selbst – verschriftlicht werden oder ob mit diesem Schritt der Datenverarbeitung ein externer Dienstleister beauftragt werden wird. In beiden Fällen sind die in Kapitel 8.3 folgenden Hinweise zur Datensicherheit zu beachten.

8.3 Datensicherheit

Im Allgemeinen versteht man unter Datensicherheit das Ergebnis aller Maßnahmen, welche den Verlust und die Manipulation – beispielsweise das Fälschen oder Beschädigen – von Daten erfolgreich verhindern. Diese Maßnahmen können technischer oder organisatorischer Natur sein. Sie sind nach Paragraf 9 des Bundesdatenschutzgesetzes (BDSG) von allen Stellen, welche personenbezogene Daten erheben, verarbeiten oder nutzen, zu treffen. Im

Einzelnen beziehen sich die Maßnahmen unter anderem auf folgende Anforderungen (siehe hierzu ausführlich Müller et al. 2009):

- Zutrittskontrolle
  Eine Zutrittskontrolle ist gegeben, wenn nur berechtigte Personen Zutritt zu den Räumlichkeiten haben, in denen personenbezogene Daten aufbewahrt oder verarbeitet werden. Dies kann technisch – z.b. durch die Verwendung von Sicherheitsschlössern oder Chipkarten – oder organisatorisch – z.b. durch eine zentrale Schlüsselvergabe – bewerkstelligt werden.

- Zugangskontrolle
  Demgegenüber verhindert die Zugangskontrolle, dass nicht berechtigte Personen auf das Datenverarbeitungssystem zugreifen können. So sollten Computer mit integrierten Sicherheitsfunktionen, z.b. passwortgeschützten Bildschirmschonern, ausgestattet sein.

- Zugriffskontrolle
  Die Verfahren der Zugriffskontrolle stellen sicher, dass nur berechtigte Personen auf die personenbezogenen Daten zugreifen können. Dies ermöglichen beispielsweise passwortgeschützte Nutzungskonten und Funktionsgeräte (z.b. Drucker) mit Authentisierungsfunktion.

- Weitergabekontrolle
  Im Rahmen der Weitergabekontrolle ist festzulegen, an welche Personen beziehungsweise an welche Stellen personenbezogene Daten übermittelt werden. Es ist zu gewährleisten, dass bei der Weitergabe – elektronische Übertragung, Transport, Speicherung auf Datenträgern – die Daten nicht unbemerkt gelesen, verfälscht oder kopiert werden können. So sollten Daten beispielsweise nur verschlüsselt und passwortgeschützt versendet werden.

- Eingabekontrolle
  Eingabekontrollen sind Maßnahmen, die protokollieren und nachvollziehbar machen, wer welche personenbezogene Daten eingegeben, verändert oder gelöscht hat. Technische Maßnahmen wären zum Beispiel die automatische Protokollierung und Sicherung von Benutzern, eine

organisatorische Maßnahme wäre zum Beispiel das Führen von Listen.

- Auftragskontrolle
Des Weiteren ist zu beachten, dass die in Auftrag gegebene Bearbeitung der personenbezogenen Daten nur nach den Anweisungen des Auftraggebers zu erfolgen hat. Hierzu sollte mit dem Auftragnehmer eine Vertraulichkeitsvereinbarung und optional eine Sicherheitsvereinbarung getroffen werden.
- Verfügbarkeitskontrolle
Die Verfügbarkeitskontrolle besagt, dass geeignete Sicherheitsmaßnahmen zum Schutz vor Zerstörung oder vor Verlust der Daten und der Datenverarbeitungsanlagen zu installieren sind. Diese Maßnahmen können zum Beispiel eine kontinuierliche Sicherung der Daten auf externen Festplatten oder der Schutz vor externen Risiken wie Stromausfall sein.
- Gebot der Datentrennung
Das Gebot der Datentrennung besagt, dass Daten, die zu unterschiedlichen Zwecken in unterschiedlichen Projekten erhoben wurden, auch separat voneinander verarbeitet werden müssen. Technische Maßnahmen können zum Beispiel das Arbeiten in mehreren Datenbanken sein, organisatorische Maßnahmen hingegen können durch die Trennung von Datenbeständen in verschiedenen Büroräumen realisiert werden.

Die aufgeführten Vorkehrungen zur Datensicherung sind von den forschenden Einrichtungen und ihren Forschungsgruppen zu erfüllen. Sie betreffen auch externe Dienstleister, welche beispielsweise die Datenerhebung (z.B. Anbieter von Online-Befragungen) oder eben die Transkription der Interviews und Gruppendiskussionen übernehmen. Mit ihnen sind über eine Vertraulichkeitserklärung die Belange im Umgang mit den datenschutzrechtlich sensiblen Angaben festzulegen. Auch kann über eine Sicherheitsvereinbarung der technische und organisatorische Umgang des externen Dienstleisters mit den anvertrauten Daten abgestimmt werden. Eine Muster-Vertraulichkeitsvereinbarung ist im Anhang abgebildet. Weitere Muster-Vereinbarungen sind beispielsweise auf der Internetseite des Bundesamtes für Sicherheit in der Informationstechnik (vgl. BSI 2014a) zu finden, eine Muster-Vereinbarung für die Zusammenarbeit mit einem Transkriptionsbüro enthält auch das Konzeptionspapier zu Ethik und Datenschutz im Kontext qualitativer Forschung der Arbeits- und Koordinierungsstelle Gesundheitsversorgungsforschung (AKG) (Müller et al. 2009, S. 24).

Da die in Form von Interviews oder Gruppendiskussionen erhobenen Daten heutzutage vorwiegend in digitalisierter Weise vorliegen und es sehr komfortabel ist, diese per E-Mail oder über digitale Plattformen auszutauschen, werden nachstehend weitere Maßnahmen zur Erhöhung der Sicherheit im Umgang mit (personenbezogenen) Daten aufgeführt. Diese betreffen die Wahl eines Passwortes und das Versenden sowie das Löschen von Dateien und E-Mails.

Wahl eines Passwortes

Über die Vergabe von Passwörtern kann der Zugang zu bestimmten Daten geschützt werden, vorausgesetzt diese sind von Dritten nicht zu entschlüsseln. Um dies zu verhindern, sollte das Passwort so generiert werden, dass es bestimmten Qualitätsanforderungen entspricht. Zur Generierung eines sicheren Passwortes empfiehlt das Bundesamt für Sicherheit in der Informationstechnik (vgl. BSI 2014b) aktuell folgende Vorgaben:

- Das Passwort sollte aus mindestens zwölf Zeichen bestehen.
- Das Passwort sollte aus Groß- und Kleinbuchstaben sowie Sonderzeichen (? ! % +) und Ziffern bestehen.
- Das Passwort sollte möglichst nicht in einem Wörterbuch vorkommen.
- (Kose-)Namen von Familienmitgliedern, Haustieren et cetera und Geburtsdaten sind als Passwort nicht geeignet.
- Wiederholungs- oder Tastaturmuster, wie beispielsweise 1234abcd oder asdfgh, sind als Passwort nicht geeignet.
- Das Anhängen von Ziffern oder Sonderzeichen, wie $! ? #, am Anfang oder Ende eines ansonsten einfachen Passwortes ist nicht empfehlenswert.

Sicheres Versenden von E-Mails und Dateien

Bislang wurden E-Mails und ihre Anhänge in der Regel unverschlüsselt, und damit für Unbefugte einsehbar, versendet. Zu einer sicheren Datenübertragung ist es daher ratsam, mithilfe einer Verschlüsselungssoftware E-Mails und Dateien vor einem unberechtigten Lesen und Auswerten zu schützen. Hierzu muss ein Zusatzprogramm installiert werden, welches die Fähigkeit besitzt, die zu versendende E-Mail zu verschlüsseln und umgekehrt eingehende E-Mails und Dateien zu entschlüsseln.

Etabliert haben sich mittlerweile die kostenpflichtige Verschlüsselungssoftware „Pretty Good Privacy" (PGP) und die kostenfrei Software „Gnu Privacy Guard" (GPG oder GnuPG). Diese Programme ermöglichen die sichere Übertragung von vertraulichen Informationen an einen oder mehrere Empfänger. Sie stellen zudem sicher, dass die versendeten E-Mails und Dateien nur von den betreffenden Empfängern entschlüsselt werden können. Dies geschieht über das Verfahren der asymmetrischen Verschlüsselung.

Bei einer asymmetrischen Verschlüsselung erfolgt die Verschlüsselung der Informationen über ein Schlüsselpaar. Der Sender verschlüsselt die Nachricht über den sogenannten „public key", der Empfänger entschlüsselt dann die eingegangene Nachricht über den sogenannten „private key" (siehe hierzu ausführlich beispielsweise die Internetseite des Projektes „Verbraucher sicher online" der Technischen Universität Berlin (2014)).

Sicheres Löschen von Dateien und Vernichtung magnetischer Datenträger

Zu einem sicheren Löschen von Dateien ist das „einfache" Löschen über die Entfernen-Taste nicht ausreichend. Bei den meisten Betriebssystemen werden die Daten nach dem „einfachen" Löschen in dem sogenannten „Papierkorb" abgelegt. Erst wenn der Anwender oder die Anwenderin den Papierkorb mittels Mausklick „entleert", werden die betreffenden Dateien aus dem Papierkorb entfernt. Bei diesem Vorgang werden jedoch lediglich die Verweise auf die Dateien im Inhaltsverzeichnis der Festplatte gelöscht und der so freigewordene Bereich wird zum Überschreiben freigegeben. Findet der Überschreibungsvorgang nicht statt, befinden sich die Daten nach wie vor – für den Laien unerreichbar – auf der Festplatte.

Aus diesem Grund sollten zum sicheren Löschen von Dateien spezielle Überschreibungsprogramme Anwendung finden. Diese überschreiben die zu löschenden Dateien mehrfach mittels Zeichen und Zufallszahlen.[9]

Bei defekten oder zu entsorgenden externen und internen Festplatten, CDs, Disketten oder USB-Sticks bleibt zur Löschung der Daten nur das physikalische Vernichten der Datenträger. Wichtig ist, dass die Objekte so zerstört werden, dass ein Wiederherstellen der Daten nicht mehr möglich ist (vgl. BSI 2014c).

Sicheres Löschen von E-Mails

Wie auch bei dem oben beschriebenen „einfachen" Löschen von Dateien werden gelöschte E-Mails eines gängigen E-Mail-Programmes (zum Beispiel Mail, Outlook oder Thunderbird) zunächst in den Ordner „gelöschte Elemente" verschoben. Der Ordner „gelöschte Elemente" entspricht hierbei dem „Papierkorb", das heißt, selbst beim vermeintlich endgültigen Löschen des gesamten Ordnerinhaltes sind die Daten noch auf der Festplatte vorhanden. Sie sind in einer für das jeweilige E-Mail-Programm besonderen Datei weiterhin gespeichert und müssen, wie oben beschrieben, überschrieben werden.

---

9 Kostenfreie Softwareprodukte für das Betriebssystem von Mircrosoft sind beispielsweise „Eraser" (http://eraser.heidi.ie) und „Secure Eraser" (http://www.secure-eraser.com), für das Betriebssystem von Apple „Permanent Eraser" (http://www.edenwaith.com) (siehe hierzu auch die Informationen des Bundesamtes für Sicherheit in der Informationstechnik (BSI 2014c)).

9. Tipps zum Umgang mit Zahlen, Abkürzungen und Ähnlichem

Manchmal besteht Unsicherheit darüber, wie Zahlen, Abkürzungen oder auch Anglizismen zu transkribieren sind. Bei einem journalistischen Transkript beziehungsweise bei einer Transkription mit Sprachglättung sind die Regeln der deutschen Rechtschreibung vorrangig zu beachten. Ebenso wird den Konventionen der Schreibweise gefolgt. Beispielsweise werden die Zahlen von eins bis zwölf üblicherweise ausgeschrieben, ab der Zahl 13 verwendet man Ziffern.

Dagegen ist bei einer Wort-für-Wort-Transkription – Transkript mit leichter Sprachglättung sowie Transkript ohne Sprachglättung – stets das tatsächlich gesprochene Wort maßgeblich. Zur Veranschaulichung sind nachstehend Beispiele zum Umgang mit Abkürzungen und Einzelbuchstaben, gesprochenen Satzzeichen, englischen Begriffen, Zahlen und fehlerhaften Ausdrücken im Zuge einer Wort-für-Wort-Transkription aufgeführt.

Grundsätzlich gilt auch hier – insbesondere dann, wenn mehrere Personen innerhalb eines Projektes mit der Transkription betraut sind – den Umgang mit beispielsweise bestimmten Fachbegriffen (mit oder ohne Bindestrich) oder ähnlichen Besonderheiten einheitlich zu gestalten.

Abkürzungen

In Schriftstücken und Texten finden sich häufig Abkürzungen, gängig sind beispielsweise „u.a." für „unter anderem", „z.B." für „zum Beispiel" und „usw." für „und so weiter". Im Rahmen einer Wort-für-Wort-Transkription werden diese in der Verschriftlichung gebräuchlichen Abkürzungen nicht angewandt, sondern – in Analogie zum Sprechakt – ausgeschrieben. Dies gilt auch für Zeit- und Währungsangaben (z.B. Minuten, Euro) sowie Maß- und Größeneinheiten (z.B. Zentimeter, Prozent, Kilogramm).

Abkürzungen werden nur dann als Abkürzung verschriftlicht, wenn der Sprechende das gemeinte Wort auch „abkürzend" ausspricht. Auf diese Weise kann der Unterschied in der sprachlichen Ausdrucksweise im Transkript dargestellt werden. Im nachfolgenden Beispielsatz wird die aus dem Lateinischen stammende Abkürzung „etc." in ihrem Wortlaut „et cetera" ausgesprochen, die nachfolgende Abkürzung „pp." wird vom Sprechenden dagegen als Kurzwort gesprochen. In diesem Fall wird, wie folgt, transkribiert:

> B   Und dann folgt wieder ein Meeting et cetera pp und dann
> dauert das wieder ewig.

Üblich ist auch die Verwendung von Abkürzungen oder Akronymen bei der Bezeichnung von Institutionen, zum Beispiel KV (Kassenärztliche Vereinigung) oder GmbH (Gesellschaft mit beschränkter Haftung). Diese werden als Abkürzungen notiert, wenn der oder die Sprechende im Redebeitrag das Kurzwort verwendet.

Das in der deutschen Sprache relativ oft vorkommende Wort „okay", welches je nach Textsorte gerne „ok" verschriftlicht wird, wird im Rahmen eines Transkriptes nicht abgekürzt dargestellt, sondern stets ausgeschrieben. Erwähnenswert ist auch der Halbgeviertstrich „-" beziehungsweise der sogenannte Bis-Strich, der in der Notation von Intervallen Anwendung findet und so das Wort „bis" ersetzt (z.B. 2005–2008). Dieser findet im Zuge einer Wort-für-Wort-Transkription keine Anwendung.

Nachstehend einige Zitatbeispiele:

> B   Nein, da braucht man mindestens vier Kilogramm Obst für.

> B   In unserem Garten blühen viele Blumen, zum Beispiel Tulpen,
> Rosen, Nelken und so weiter.

> B   Herr Meier fährt hin beziehungsweise er fliegt nach Berlin.

> B   Okay, ich bin dann mal weg.

> B   2004 bis 2007 haben wir zum Beispiel keinen einzigen Vertrag
> gekündigt.

Einzelbuchstaben

Werden einzelne Buchstaben gesprochen, werden diese im Transkript groß geschrieben:

B   Mein Name ist Klaus mit K.

B   Mein Name ist Schmidt mit DT.

B   Es handelt sich um den Themenblock A, den wir bis zum Zeitpunkt X abarbeiten möchten.

B   Wir haben das doch schon von A bis Z durchgekaut.

Eine Ausnahme hiervon bildet die Nennung von Buchstaben bei Aufzählungen. Werden im Sinne von erstens, zweitens und drittens die Buchstaben A, B, C genannt, werden diese zum besseren Verständnis klein und mit einer geschlossenen Klammer geschrieben: a), b), c). Damit wird kenntlich gemacht, dass es sich hier um eine Aufzählung oder Nummerierung handelt.

B   Ich habe a) ein Auto und b) ein Motorrad.

B   Im Hinblick auf a) das Wetter und b) die Verkehrslage werde ich meine Entscheidung treffen.

„Gesprochene" Satzzeichen

Werden in den Redebeiträge der Interview- oder Diskussionsteilnehmenden Satzzeichen ausgesprochen, so werden diese buchstäblich verschriftlicht und nicht über ihr Symbol wiedergegeben.

B   Ich sage jetzt mal in Anführungszeichen, dass das nicht geht.

B   Punkt, Punkt, Komma, Strich, fertig ist das Mondgesicht.

B   Wir gehen, Klammer auf, immer, Klammer zu, in die Kirche.

B   Da war Ende im Gelände Punkt.

B   Das waren ungefähr zwei Komma acht Prozent oder so.

Englische Begriffe und Anglizismen

Zahlreiche englische Begrifflichkeiten sind im deutschen Sprachgebrauch mittlerweile gängige Praxis. Im Zuge der Transkription werden diese entsprechend den Regeln der deutschen Rechtschreibung groß beziehungsweise klein geschrieben.

B   Ich bin total busy.

B   Das war echt eine schöne Location.

Eine Besonderheit bilden Anglizismen, insbesondere dann, wenn sie im Deutschen wie im Englischen gleich oder ähnlich geschrieben werden, sich jedoch in der Aussprache unterscheiden. Es empfiehlt sich, den Anglizismus mit dem Hinweis „(englische Lautung)" kenntlich zu machen.

B   Und davor war ich Callcenter-Agent (englische Lautung).

Deutsch-englische Wortverbindungen werden mit einem Bindestrich verknüpft. Beispielhaft seien hier genannt: Online-Nutzer, Offline-Betrieb oder Follow-up-Studie.

Zahlen

In Texten und Schriftstücken werden die Zahlen von null bis zwölf üblicherweise ausgeschrieben, ab der Zahl 13 werden sie als Ziffern notiert. In einem Wort-für-Wort-Transkript empfiehlt es sich, die Zahlen, wie von den Interviewten geäußert, auszuschreiben:

B   Ich hatte die Nummer drei, drei, fünf, neun, sieben, acht und die vier.

B   Ich hatte die Nummer dreiunddreißig, neunundfünfzig, achtundsiebzig und die vier.

B   Jeden Morgen verlasse ich um sechs Uhr dreißig das Haus.

Jahreszahlen und Daten sind Ausnahmen. Sie können der Lesegewohnheit wegen als Ziffern geschrieben werden:

B   In den Jahren 2004 bis 2007 mussten wir uns ganz schön ins Zeug legen.

B   Das war doch in den 70er Jahren, oder?

B   Geboren wurde ich am 24.12.1968, Heiligabend.

B   Geboren wurde ich am 24. Dezember 1968.

Feststehende Ausdrücke, in denen Zahlen vorkommen, beispielsweise „Nullkommanix" oder „Nullachtfuffzehn", werden ausgeschrieben:

B   In Nullkommanichts war ich da weg und hab meine Siebensachen gepackt.

B   Das kleine Einmaleins, damit fängt es doch schon an.

Umgang mit fehlerhaften Ausdrücken

Im Rahmen einer Wort-für-Wort-Transkription werden fehlerhafte Ausdrücke ohne Korrektur verschriftlicht. Manchmal empfiehlt es sich, diese kenntlich zu machen, um so darauf hinzuweisen, dass hier kein „Tippfehler" des Transkribierenden vorliegt:

B   Das Verhalten zeigt keine große Seriösität [sic!].

B   Das A und O ist die Authenzität [sic!].

10. Literatur

Bläck Fööss (2014): http://www.blaeckfoeoess.de/texte/leechtertext.html, letzter Zugriff am 03.05.2014

Bohnsack, Ralf (1997): „Orientierungsmuster": Ein Grundbegriff qualitativer Sozialforschung. In: Schmidt, Folker (Hg.): Methodische Probleme der empirischen Erziehungswissenschaft. Schneider Verlag, Baltmannsweiler, S. 49–61

Bohnsack, Ralf (2010): Rekonstruktive Sozialforschung – Einführung in qualitative Methoden. Verlag Barbara Budrich/UTB, Opladen & Farmington Hills, 8. Auflage

Bohnsack, Ralf; Przyborksi, Aglaja; Schäffer, Burkhard (2010): Das Gruppendiskussionsverfahren in der Forschungspraxis. Verlag Barbara Budrich, Opladen, 2. Auflage

BfDI (Bundesbeauftragte für den Datenschutz und die Informationsfreiheit) (2011): Datenschutz ist … Abrufbar unter: http://www.bfdi. bund.de/SharedDocs/Publikationen/Faltblaetter/Datenschutz-ist.pdf? __blob=publicationFile, letzter Zugriff am 03.05.2014

BMJV (Bundesministerium für Justiz und Verbraucherschutz) (2014a): http://www.gesetze-im-internet.de/bdsg_1990/__3.html, letzter Zugriff am 03.05.2014

BMJV (Bundesministerium für Justiz und Verbraucherschutz) (2014b): http://www.gesetze-im-internet.de/bdsg_1990/__3.html, letzter Zugriff am 18.07.2014

BSI (Bundesamt für Sicherheit in der Informationstechnik) (2014a): https://www.bsi.bund.de/SharedDocs/Downloads/DE/BSI/Grundschu tz/Hilfsmittel/Muster/vertraulichkeitsvereinbarung_pdf.pdf?__blob=p ublicationFile, letzter Zugriff am 03.05.2014

BSI (Bundesamt für Sicherheit in der Informationstechnik) (2014b): https://www.bsi-fuer-buerger.de/BSIFB/DE/MeinPC/Passwoerter/ passwoerter_node.html, letzter Zugriff am 03.05. 2014

BSI (Bundesamt für Sicherheit in der Informationstechnik) (2014c): https://www.bsi-fuer-buerger.de/BSIFB/DE/MeinPC/Richtig Loeschen/richtigloeschen_node.html, letzter Zugriff am 03.05.2014

Deppermann, Arnulf (2008): Gespräche analysieren. Eine Einführung. VS Verlag für Sozialwissenschaften, Wiesbaden, 4. Auflage

Dittmar, Norbert (2009): Transkription. Ein Leitfaden mit Aufgaben für Studenten, Forscher und Laien. VS Verlag für Sozialwissenschaften, Wiesbaden, 3. Auflage

Dresing, Thorsten; Pehl, Thorsten; Lombardo, Claudia (2008): Schnellere Transkription durch Spracherkennung? In: Forum Qualitative Sozialforschung/Forum: Qualitative Social Research, 9 (2), Art. 17, http://nbn-resolving.de/urn:nbn:de:0114-fqs0802174, letzter Zugriff am 18.07.2014

Ehlich, Konrad: Rehbein, Jochen (1979): Erweiterte halbinterpretative Arbeitstranskriptionen (HIAT2): Intonation. In: Linguistische Berichte 59, S. 51–75

Flick, Uwe; von Kardoff, Ernst; Steinke, Ines (2008): Qualitative Forschung. Ein Handbuch. Rowohlt Verlag, Reinbek bei Hamburg, 6. Auflage

Friebertshäuser, Barbara; Langer, Antje; Prengel, Annedore (Hg.) (2010): Handbuch Qualitative Forschungsmethoden in der Erziehungswissenschaft. Juventa Verlag, Weinheim, München, 3. Auflage

Fuchs-Heinritz, Werner (2009): Biographische Forschung: Eine Einführung in Praxis und Methoden. VS Verlag, Wiesbaden, 4. Auflage

Hildenbrand, Bruno (2005): Fallkonstruktive Familienforschung. Anleitungen für die Praxis. VS Verlag, Wiesbaden, 2. Auflage

Hirschauer, Stefan (2001): Ethnografisches Schreiben und die Schweigsamkeit des Sozialen. Zu einer Methodologie der Beschreibung. In: Zeitschrift für Soziologie, 30 (6), S. 429–451

Hoffmann-Riem, Christa (1980): Die Sozialforschung einer interpretativen Soziologie: Der Datengewinn. In: Kölner Zeitschrift für Soziologie und Sozialpsychologie, 32 (2), S. 339–372

Hoffmann-Riem, Christa (1984): Das adoptierte Kind. Familienleben mit doppelter Elternschaft. 4. Auflage. Wilhelm Fink Verlag, München

Kallmeyer, Werner (2000): Beraten und Betreuen: zur gesprächsanalytischen Untersuchung von helfenden Interaktionen. In: Zeitschrift für qualitative Bildungs-, Beratungs- und Sozialforschung 1 (2), S. 227–252

Kallmeyer, Werner; Schütze, Fritz (1976): Konversationsanalyse. In: Studium Linguistik 1, S. 1–28

Kowal, Sabine; O'Connell, Daniel C. (2008: Zur Transkription von Gesprächen. In: Flick, Uwe; von Kardorff, Ernst, Steinke, Ines (Hg.): Qualitative Forschung. Ein Handbuch. Rowohlt Verlag, Reinbek bei Hamburg, 6. Auflage, S. 437–447

Kuckartz, Udo (1999): Computergestützte Analyse qualitativer Daten. Eine Einführung in Methoden und Arbeitstechniken. Westdeutscher Verlag, Opladen

Kuckartz, Udo (2010): Einführung in die computergestützte Analyse qualitativer Daten. VS Verlag, Wiesbaden, 3. Auflage

Kuckartz, Udo (2014): Qualitative Inhaltsanalyse. Methoden, Praxis, Computerunterstützung. Beltz Juventa, Weinheim, Basel, 2. Auflage

Kuckartz, Udo; Dresing, Thorsten; Rädiker, Stefan; Stefer, Claus (2008): Qualitative Evaluation. Der Einstieg in die Praxis. VS Verlag, Wiesbaden, 2. Auflage

Lamnek, Siegfried (2010): Qualitative Sozialforschung. Beltz Verlag, Weinheim, Basel, 5. Auflage

Langer, Antje (2010): Transkribieren – Grundlagen und Regeln. In: Friebertshäuser, Barbara; Langer, Antje; Prengel, Annedore (Hg.): Handbuch Qualitative Forschungsmethoden in der Erziehungswissenschaft. Juventa Verlag, Weinheim, München, 3. Auflage, S. 515–527

Mannheim, Karl (1964): Wissenssoziologie. Luchterhand Verlag, Neuwied

Mannheim, Karl (1979): Ideologie und Utopie. Klostermann, Frankfurt

Mayring, Philipp (2008): Qualitative Inhaltsanalyse. Grundlagen und Techniken. Beltz Verlag, Weinheim, Basel

Medjedovic, Irena; Witzel, Andreas (2010): Wiederverwendung qualitativer Daten. Archivierung und Sekundärnutzung qualitativer Interviewtranskripte. VS Verlag, Wiesbaden

Metschke, Rainer; Wellbrock, Rita (2002): Datenschutz in Wissenschaft und Forschung. Berliner Beauftragter für Datenschutz und Informationsfreiheit (Hg.): http://www.datenschutz-berlin.de/attachments/47/Materialien28.pdf?1166527077, letzter Zugriff am 03.05.2014

Müller, Veronika; Stamer, Maren; Richter, Petra (2009): Ethik und Datenschutz im Kontext qualitativer Forschung. Konzept der Arbeits- und Koordinierungsstelle Gesundheitsversorgungsforschung im Verein zur Förderung der wissenschaftlichen Forschung e.V. http://www.akg.uni-bremen.de/downloads/Ethik_und_Datenschutz.pdf, letzter Zugriff am 03.05.2014

Przyborski, Aglaja; Wohlrab-Sahr, Monika (2010): Qualitative Sozialforschung. 3. Auflage. Oldenbourg Verlag, München

Rosenthal, Gabriele (2005): Interpretative Sozialforschung. Eine Einführung. Juventa Verlag, Weinheim, München

Schreier, Margrit (2014): Varianten qualitativer Inhaltsanalyse: Ein Wegweiser im Dickicht der Begrifflichkeiten. In: Forum Qualitative Sozialforschung/Forum: Qualitative Social Research, 15 (1), Art. 18, http://nbn-resolving.de/urn:nbn:de:0114-, letzter Zugriff am 18.07.2014

Schütze, Fritz (1983): Biographieforschung und narratives Interview. In: Neue Praxis, 3, S. 283–293

Schütze, Fritz (1994): Zum Transkriptionsvorgang und zum Inventar der Analysezeichen. In: Koller, Hans-Christoph; Kokemohr, Rainer (Hg.): Lebensgeschichte als Text. Deutscher Studien Verlag, Weinheim, S. 148–156

Selting, Margret; Auer, Peter; Barden, Birgit; Bergmann, Jörg; Couper-Kuhlen, Elizabeth; Günthner, Susanne; Quasthoff, Uta; Meier, Christoph; Schlobinski, Peter; Uhmann, Susanne (1998): Gesprächsanalytisches Transkriptionssystem (GAT): In: Linguistische Berichte, 173, S. 91–122

Technische Universität Berlin (2014): http://www.verbraucher-sicher-online.de/artikel/e-mail-verschluesselung, letzter Zugriff am 03.05.2014

Universität Hildesheim (2014): http://www.uni-hildesheim.de/media/fb3/deutsche_sprache/UEbungskompendium_Phonologie_WS_2010_2011.pdf, letzter Zugriff am 03.05.2014

11. Anhang

11.1 Übersicht aller Module

Modul Sprachglättung	
Vollständige Glättung	Standardorthografische Transkription, das heißt:
	Korrektur von Dialekt und umgangssprachlicher Ausdrucksweise
	Korrektur fehlerhafter Ausdrücke
	Korrektur eines fehlerhaften Satzbaus
	Ggf. Beibehaltung feststehender mundartlicher Ausdrücke
Leichte Glättung	Annäherung an die Standardorthografie, das heißt:
	Korrektur des „breiten" Dialektes
	Beibehaltung umgangssprachlicher Ausdrucksweisen
	Beibehaltung fehlerhafter Ausdrücke
	Beibehaltung eines fehlerhaften Satzbaus
	Beibehaltung feststehender mundartlicher Ausdrücke
Keine Glättung	Anwendung der literarischen Umschrift, das heißt:
	Beibehaltung von Dialekt und umgangssprachlicher Ausdrucksweise
	Beibehaltung fehlerhafter Ausdrücke
	Beibehaltung eines fehlerhaften Satzbaus

Modul Pause

Pause in Sekunden	(.)	Pause bis zu einer Sekunde
	(2)	Angabe der Pausenlänge in Sekunden
Intervallskalierte Pause	--	Kurze Pause (bis zu 2 Sekunden)
	---	Mittlere Pause (bis zu 5 Sekunden)
	(Pause)	Pause ab 5 Sekunden

Modul Sprachklang

Betonung	<u>immer</u>	Betontes Wort
	<u>un</u>bedingt	Betonte Silbe
Dehnung	ja::: nie:::mals	Gedehntes Wort Gedehnte Silbe Anzahl des Zeichens „:" entspricht annähernd der Länge der Dehnung
Lautstärke	**niemals**	Im Vergleich lauter gesprochenes Wort
	niemals	Im Vergleich leiser gesprochenes Wort

Modul Lautäußerungen, Wortabbrüche und Verschleifungen		
Lautäußerungen	Ich bin ähm elf Jahre verheiratet.	Planungsäußerungen (z.B. ähm, mhm, öhm)
	Ich habe gestern mein Auto gewaschen (I: mhm) und bin dann in den Regen gekommen.	Zuhörersignale (z.B. mhm, aha, ja) werden im Transkript ohne Zeilensprung für den Sprecherwechsel vermerkt.
	((bejahend)) mhm	Eindeutig zustimmende Lautäußerungen im Sinne von „ja" werden kommentierend transkribiert.
	((verneinend)) mhm	Eindeutig ablehnende Lautäußerungen im Sinne von „nein" werden kommentierend transkribiert.
Wortabbruch	einf-	Abgebrochenes Wort
	Arbeits- äh -amt	Wiederaufnahme eines abgebrochenen Wortes
Verschleifungen	Ich bin&also ich meine	Auffällig schneller Anschluss
	Weil&weil&weil ähm ich bin	Auffällig schnelle Wortwiederholung

Modul nicht-sprachliche Ereignisse		
Non-verbale Äußerungen	(räuspert sich) (seufzt) (lacht)	Parasprachliche Äußerungen werden in Klammern als Kommentar vermerkt.
	(lachend) Mensch, so was habe ich noch nie gehört. (+)	Begleiterscheinung des Sprechens, Kommentar zur Begleiterscheinung des Sprechens steht vor den lachend ausgesprochenen Worten. Das Ende der Begleiterscheinung des Sprechens wird mit einem (+) dargestellt.
Handlungen	(haut auf den Tisch)	Hörbare Handlungen werden als Kommentar in Klammern vermerkt.
Geräusche	(Telefon klingelt)	Hintergrundgeräusche werden als Kommentar in Klammern vermerkt.

Modul Interaktion

Gleich- zeitiges Sprechen	I Ist das ⌊immer so? B ⌊Ja, das ist eigentlich	Gleichzeitiges Sprechen in Partiturschreibweise ab ⌊
	I Ist das ⌊immer so? B ⌊Ja, das ist eigentlich	Gleichzeitiges Sprechen ohne Partiturschreibweise ab ⌊
Sprech- unter- stützung	Ich habe gestern mein Auto gewaschen (I: mhm) und bin dann in den Regen gekommen. (I: ja)	Zuhörersignale (z.B. mhm, aha, ja) werden im Transkript ohne Zeilensprung für den Sprecherwechsel vermerkt.

Modul Unsicherheit, Unterbrechung und Auslassung

Unsicherheit in der Transkription	(…?)	Unverständliches Wort
	(…??)	Mehrere unverständliche Wor- te
mit vermutetem Wortlaut	(mein?)	Vermuteter Wortlaut
	(mein?/dein?)	Alternativ vermuteter Wortlaut
mit Zeitangabe	(…??) #00:15:36#	Mehrere unverständliche Wor- te mit Zeitangabe
	(mein?/dein?) #01:04:28#	Alternativ vermuteter Wortlaut mit Zeitangabe
Unterbrechung	(B verlässt den Raum) #00:07:36 bis 00:08:35#	Art und Dauer der Gesprächs- unterbrechung
Auslassung	[…]	Nicht transkribierte Gesprächs- sequenz
mit Zeitangabe	[…] #00:03:46 bis 00:08:58#	Nicht transkribierte Gesprächs- sequenz mit Angabe der Zeit- dauer

Modul Zeichensetzung

Zeichensetzung in Anlehnung an die grammatikalische Zeichensetzung	.	Satzende
	,	Aufzählung, Nebensätze etc.
	?	Frage
	: „ " Da sagte sie: „Nee, niemals" und ich bin dann weggegangen.	Wörtliche Rede
	... Ich arbeite also in der ... Ich habe zwei Arbeitsplätze.	Besonderheit: Unvollendete bzw. auslaufende Sätze (Fade-out) werden mit drei Auslassungspunkten gekennzeichnet.
Zeichensetzung nach vereinfachter Intonation	,	Kurzes Absetzen der Stimme
	.	Senken der Stimme (Satzabschluss)
	?	Heben der Stimme (Frageintonation)

11.2 Einfacher Transkriptionskopf

Projekt
Interview-Nr.
Name der Audiodatei
Datum der Aufnahme
Ort der Aufnahme
Dauer der Aufnahme
Befragte Person
Interviewer/in
Datum der Transkription
Transkribient/in
Besonderheiten
Transkriptionsregeln:

11.3 Erweiterter Transkriptionskopf

Projekt **Projektpfad**
Interview-Nr.
Name/Pfad der Audiodatei
Datum/Uhrzeit der Aufnahme
Ort der Aufnahme
Dauer der Aufnahme
Datenerhebung
Befragte Person
Soziodemografie
Informierte Einwilligung
Anonymlsierung
Interviewer/in
Datum der Transkription
Transkribient/in
Besonderheiten
Transkriptionsregeln:

11.4 Checkliste: Störungsfreie Aufnahme

Checkliste: störungsfreie Aufnahme	✓
Ist der Umgang mit dem Aufnahmegerät/Mikrofon vertraut?	
Ist das Aufnahmegerät funktionstüchtig?	
Sind die Batterien bzw. ist der Akku aufgeladen?	
Liegen Ersatzbatterien bereit?	
Wurde ein Probelauf durchgeführt?	
Ist das Aufnahmegerät/Mikrofon für die Aufnahme optimal platziert?	
Steht das Aufnahmegerät/Mikrofon sturzsicher auf einem festen Untergrund?	
Bei Innenaufnahmen: Sind Fenster und Türen geschlossen?	
Bei Außenaufnahmen: Ist ein Mikrofon-Windschutz nötig?	
Sind weitere Störquellen (z.B. Handy, Radio) ausgeschaltet?	
...	